Maxime Lledo

Génération fracassée

Fayard

Ce livre est édité sous la direction d'Isabelle Saporta

Couverture : ADGP
Photographie : © Philippe Matsas/Leextra

ISBN : 978-2-213-71983-2
Dépôt légal : mars 2021

« Chaque génération, sans doute, se croit vouée à refaire le monde. La mienne sait pourtant qu'elle ne le refera pas. Mais sa tâche est peut-être plus grande. Elle consiste à empêcher que le monde ne se défasse. »

Albert CAMUS

« Hélas ! c'est la fièvre de la jeunesse qui maintient le reste du monde à la température normale. Quand la jeunesse se refroidit, le reste du monde claque des dents. »

Georges BERNANOS

« Je ne suis point à la mode, je pense que sans la liberté il n'y a rien dans le monde. »

François-René DE CHATEAUBRIAND

« La nuit sera calme. »

Romain GARY

Mes chers amis, je sais qu'il est difficile de s'en souvenir, mais rappelez-vous ce pays qu'était la France il y a encore quelques mois. C'était un pays magnifique. Les beaux jours approchaient. Déjà, sur les places des villes et des villages, s'attablaient aux terrasses des cafés jeunes et moins jeunes. À l'époque, c'était encore permis.

Nous pouvions encore déambuler dans les rues de centres-villes animés, parcourir les grands boulevards sans masques. Si l'envie nous en prenait, nous pouvions, sourire aux lèvres – visibles –, entrer dans un restaurant et nous installer à une table.

Quand nous nous baladions, c'était librement, nous pouvions d'ailleurs le faire accompagnés d'amis, de sa famille, voire d'inconnus, sans limites de temps et d'espace. Nous avions même la permission – alors toute naturelle ! – d'enfourcher un vélo, de faire une balade en forêt, de marcher pieds nus sur une plage ou même, sur un coup de tête digne du scénario d'un grand film français, d'embarquer dans une voiture pour passer un week-end à l'improviste dans un coin inconnu.

À l'époque, quand nous sortions de chez nous, les seules choses à ne pas oublier, c'étaient nos papiers, notre téléphone, nos clefs. Aujourd'hui, ces éléments semblent dérisoires à côté de l'oubli de notre masque ou de notre attestation. L'attestation, vous savez, ce bout de papier révélateur de la passion française pour le contrôle administratif ? Formulaire saugrenu sur lequel nous devons expliquer où nous allons, au risque sinon de devoir tergiverser avec les forces de l'ordre.

Dans ce temps rêvé et pourtant pas si lointain, nous pouvions réserver une place de concert, de théâtre, ou nous glisser dans une salle de cinéma. Ainsi avions-nous l'heur de graver dans notre mémoire un moment de respiration dans le triptyque infernal du « métro-boulot-dodo ». Nous profitions de l'émotion d'une voix sur une scène, d'une note de musique inoubliable, d'un fou rire. Toutes ces choses essentielles parce que non nécessaires.

Que pouvions-nous faire encore ? Avoir des cours normaux. Dans des facs, animés par la seule voix d'un professeur. Tous n'étaient pas inoubliables, beaucoup étaient soporifiques et se tenaient dans des amphithéâtres décrépis. Jamais je n'aurais pensé qu'ils me manqueraient tant.

Nous vivions alors, sans même le savoir, une époque merveilleuse dans des stages, des écoles privées, en alternance, en apprentissage.

Nos vies étaient rythmées. Elles étaient encadrées. Nous voguions de petits boulots en petits boulots dans des fast-foods, des bars, des restaurants ou des grandes surfaces.

Jamais je n'aurais imaginé que ça aussi, ça nous manquerait.

Ceux qui pouvaient se le permettre se contentaient d'un job saisonnier pour mettre un maximum d'argent de côté, afin d'aider les parents les moins aisés à financer une année d'études et un appartement.

Entre amis, dans une année étudiante, nous avions encore le droit d'aller en boîte de nuit sans regarder l'heure.

Au moment où j'écris ces lignes, les discothèques sont fermées et rouvriront... lorsque je n'aurai plus l'âge ni l'envie d'y aller.

Nous pouvions nous entasser en terrasses, boire des coups, refaire le monde, manger des burgers, partager le même pot de guacamole pour nos tacos, aimer ce rythme de vie totalement désorganisé et le dire sans être vilipendés parce que soi-disant inconscients, égoïstes ou dangereux.

Nous pouvions organiser des soirées pour les anniversaires, ou même des soirées... sans raison particulière ! Sans limitation de personnes. Des soirées à plus de six ! Quelque chose d'absolument fou, quand on y pense.

Des week-ends aussi, chez les uns ou chez les autres. Juste comme ça, pour le plaisir.

Quand on voulait organiser ce genre de petites réunions amicales, on allait dans des supermarchés. Nous nous laissions tenter par beaucoup de produits certainement nécessaires mais bien loin d'être essentiels. Les rayons des magasins ne s'étaient pas encore transformés en escape game ou en labyrinthe de plastique et de banderoles barrées d'un « INTERDIT ».

Non, franchement, c'était un autre monde, une autre époque.

Je me souviens encore que nous pouvions organiser des semaines à l'avance des trajets en train pour rejoindre des amis lors d'une soirée pour le Nouvel An par exemple, vous savez ce truc qui se joue normalement après minuit, pour fêter une année à venir prometteuse. Et que nous avons dû célébrer, cette année, seuls, et pas plus tard que 20 heures…

Puis, nous avions tous des petits plaisirs coupables. Le mien, c'était de passer du temps dans les librairies, cet endroit coupé du monde où nous pouvions voyager sans trop nous déplacer.

Cette époque bercée d'une certaine innocence s'est trouvée subitement embrumée le soir du 16 mars 2020. Le confinement est annoncé. Les déplacements sont interdits ou conditionnés au strict minimum. Ceux qui le peuvent partent en vitesse dans leurs résidences secondaires puis se mettent en télétravail. D'autres font des provisions de nourriture, de papier-toilette, de gadgets, de boissons, d'eau et de conserves. Les villes se vident. Les trains s'arrêtent. Les transports en commun se figent. Les cours se déroulent à distance. Les consignes sont envoyées par mails. Les devoirs se rendent sur des plateformes communes. Les magasins encore ouverts sont devenus des sanctuaires aseptisés. On se précipite sur du gel hydroalcoolique. On cherche désespérément des masques.

Le (seul) rituel encore permis ? Écouter les conférences lugubres du croque-mort Jérôme Salomon pour s'assurer de la dégradation de la situation épidémique. Les morts augmentent. Les chiffres s'amoncellent. Les décisions et les appels incohérents de la part de l'exécutif s'enchaînent. On tergiverse sur le masque. On se moque de nous. La durée de réclusion est indéterminée. On nous dit que la priorité, c'est la santé. Les institutions les plus essentielles de ce pays se mettent en berne. La justice s'arrête de fonctionner. Rapidement, des alertes sont lancées. Les Ehpad se muent en mouroirs. Des soignants sont contaminés. Des opérations chirurgicales sont déprogrammées. Les familles ne peuvent plus dire au revoir à leurs morts. Les restaurateurs sont asphyxiés. Les petits commerces sont exsangues. Le secteur du tourisme est ruiné. Des jeunes sont dans des états psychologiques dramatiques. Des jeunes qui avaient pourtant des projets essentiels dans les mois à venir. Ces jeunes vont être dans une précarité effrayante. Se retrouver au chômage, à la rue.

Mais on s'en fout. Ce n'est pas la priorité.

Des élèves de tout niveau commencent à décrocher sévèrement. La crise économique est fracassante, mais on feint de l'ignorer. « Ça se rattrape », diront certains. On nous parle comme à des gosses à qui on fait pourtant mener une vie de vieux.

Subitement, après des années à couper dans les budgets et à pester contre une France endettée qu'il serait urgent de redresser, les politiques découvrent le bonheur de la planche à billets. Les aides tombent de partout. Des milliards sont annoncés.

Comme le temps est flou, personne ne sait vraiment quel jour on est, mais on nous laisse apercevoir une date de déconfinement. Plus ou moins progressif. Un retour à l'« anormal » commence. Des restaurateurs à peine enjoués. Des commerces sur le qui-vive. Une culture désorientée. Des musées déserts. Des expositions vides. Mais l'espoir est là, parce qu'on nous demande, que dis-je !, on nous encourage à partir en vacances. De préférence des vacances françaises. Entre-temps, nous changeons de Premier ministre et de gouvernement. L'homme en charge du déconfinement, dont tout le monde s'accorde à dire, avec un tout petit peu de recul, qu'il a été raté, est nommé chef du gouvernement. Dans les journaux, on se concentre sur son accent et son style. Lors d'une des premières interviews télé et radio, la première question qu'on lui pose, c'est pour savoir si c'est un « croqueur de mémés », car il avait la réputation d'embrasser les dames âgées lorsqu'il était maire de sa commune. Ridicule. L'euphorie des « jours heureux » ne dure pas longtemps. Les médecins envahissent les plateaux télé. Ils alertent, ils sonnent le glas, ils préviennent, ils menacent, ils condamnent, certains avec un aplomb étonnant, tous se contredisent entre eux... Ce qui ne les empêche pas de continuer à faire des prévisions. Qu'importe qu'elles soient vraies ou fausses.

Finalement, ces vacances qu'on nous a poussés à prendre deviennent soudainement scandaleuses. Comble de l'outrecuidance, on s'aperçoit que des gens font des soirées. Certains, partis à la mer, osent même prendre le soleil sur la plage. Aussi en interdit-on dans la foulée l'accès. Des rues piétonnes sont bondées, on impose alors le masque. Timidement, bien sûr. Certaines villes se muent en labyrinthe, car à un carrefour près le masque devient obligatoire. Les tests sont un fiasco, tout comme l'application StopCovid qui deviendra plus tard TousAntiCovid. Ce qui n'empêche pas les autorités de nous garantir l'inverse. La rentrée approche.

Les débats sont identiques, ceux qui suivent l'actualité ont l'impression d'être dans un mauvais remake d'*Inception*, ce film avec Leonardo DiCaprio et réalisé par Christopher Nolan montrant la très mince frontière entre rêve et réalité.

En France, nous vivons la même chose : les alertes sont données en ce qui concerne les jeunes, le danger de certaines restrictions sur le long terme, le décrochage qui touche les plus précaires d'entre nous à l'université ou à l'école. Mais qu'importe la fréquence des alertes : rien ne change véritablement. Les ministres sont bloqués dans le temps de la communication.

Certains se vantent d'avoir écrit des protocoles dans la nuit. Les adaptations tout comme les mensonges se poursuivent. Des médecins et des étudiants se mobilisent sur les réseaux sociaux et dénoncent les conditions dans certaines facultés : le chaos dans les couloirs, les tables de cours éclatantes d'empreintes de mains et des précédentes transpirations. Pointent du doigt un manque d'anticipation sur les emplois du temps, le changement d'amphis et l'alternance possible des profs ; sur le manque de moyens et le vide abyssal des cours à distance. On n'écoute pas. On ignore. La presse s'en fait pourtant le relais. Mais les ministres en charge, déjà peu visibles en temps normal, brillent désormais par leur inexistence. Alors bien sûr, l'infantilisation progresse. Les débats se jouent sur l'émotion. La raison, la contradiction et la réflexion disparaissent. Vient le couvre-feu. Le durcissement du couvre-feu. Puis un deuxième confinement qui ne devait jamais arriver... survient. En attendant le troisième.

Tout au long de cette période interminable, ma génération a été accusée, vilipendée, taxée d'égoïsme. Elle a été méprisée. Nos envies étaient des caprices, nos demandes des fantasmes et nos interventions des illusions de la jeunesse.

Mais qui est égoïste ? Nous ? Ou ceux qui font semblant de ne pas voir les dommages collatéraux que cette crise va engendrer ?

Ces derniers mois et ceux qui sont à venir auront des répercussions sur ma génération, sur celle d'après et celles qui suivront. Ne feignons pas de l'ignorer. Des crises politique, économique, sanitaire et psychologique ? Une crise des libertés aussi.

Nous, les jeunes, les « atroces », les « irresponsables », nous allons faire face au mur de la dette que vous nous aurez laissé.

Nous allons vivre dans cette société devenue liberticide.

Dans ce monde où il est devenu presque acceptable de maintenir la jeunesse dans une situation d'extrême précarité.

Dans cette société devenue irrespirable.

Je dis bien « nous » car aujourd'hui, dans l'adversité que nous connaissons, « nous », les jeunes, malgré nos diversités, ne faisons plus qu'un. Et pourtant, mes amis peuvent être témoins que j'ai souvent maugréé contre ma génération.

J'ai moqué ses crispations identitaires et j'ai combattu ce que je considère encore comme de faux procès intentés pour de mauvaises causes.

Mais aujourd'hui, la situation est trop grave pour que nous n'avancions pas unis.

Car politiques et bureaucrates ont fait le choix de mettre la jeunesse à genoux.

Ils ont choisi de sauver les seniors pour mieux nous enterrer. Pas une seule fois, ils ne nous ont demandé notre avis. Pas une seule fois, ils ne se sont excusés de ce qu'ils nous infligeaient et du mur de dette et de désolation qu'ils allaient nous laisser. Au contraire, ils ont continué chaque jour à faire de nous une génération fracassée.

Une crise scolaire :
retour à l'anormal

Il ne fallait pas le dire. Il ne fallait surtout pas prononcer le mot. « Génération sacrifiée ». Comment pouvait-on se permettre d'avoir de tels mots ? Avions-nous oublié ceux qui travaillaient dans les mines ? Ceux qui avaient fait la guerre ? Ceux de 14-18 ? Les résistants ? Nous étions des chochottes plaintives. Dans les questions au gouvernement, la ministre de l'Enseignement supérieur l'a confirmé : « Nous devons donner à nos jeunes de l'espérance en arrêtant de les qualifier de génération sacrifiée. Ils ne sont pas sacrifiés[1]. » Génération pourrie gâtée. Génération déchue

1. Questions au gouvernement, 19 janvier 2021.

sans la moindre décence. Génération perdue, gavée à Netflix et aux jeux vidéo ; de quoi devrions-nous nous plaindre ? Ces questions ont été véritablement posées et le raisonnement était le suivant : avec le confort matériel dont jouissent ces générations, comment oseraient-elles même se plaindre ? Il faut admettre que le paradoxe est là. Si la jeune génération est largement épargnée sur le front sanitaire, nous sommes les victimes collatérales sur bien d'autres fronts. Mais cela, la génération soixante-huit, celle qu'on a entendue vociférer le plus fort contre nous, n'en a pas dit mot. Je dois avouer avoir d'abord été surpris de ces réactions disproportionnées, avant de me souvenir que cette génération qui avait ruiné économiquement, écologiquement et mentalement la France avait toujours tout osé, du moment qu'elle s'en sortait. Les répercussions sur les autres... comment le dire poliment ? Elle n'en a cure.

Aussi, de quoi devrions-nous nous plaindre ? De l'enseignement à distance ? Mais à les entendre, cet enseignement est tout simplement FOR-MI-DABLE. Je suis prêt à inviter chacun des parangons de vertu qui se félicite de cette merveilleuse novation à assister avec moi à une journée de cours en visio. À vivre avec moi dans cet enfer moderne où l'entièreté de l'université se retrouve dans un ordinateur. L'essentiel des journées se compose donc de cours en visioconférences ou en audioconférences. Les professeurs ne vous voient pas, et nous le leur rendons bien. Si une question nous taraude, si une incompréhension survient : tant pis pour nous. D'ailleurs, peu à peu les cours ont disparu et ont été remplacés par des fiches écrites résumant l'essentiel. Elles nous ont été envoyées sur des plateformes fabuleuses sur lesquelles un code correspond à un dossier et un dossier, à une matière.

Au milieu de cet enseignement, il y a les professeurs. Ceux qui ont suivi l'évolution technologique, qui sont en capacité depuis leur domicile de mettre des cours en ligne, de créer du contenu adapté, rapide et efficace avec un ordinateur. Il y a aussi ceux qui n'ont jamais été fans de ce virage technologique et qui ont eu le plus grand mal à se plier à cette nouvelle discipline. Comment leur en vouloir ? Si ce n'est qu'ils ont plongé des milliers d'étudiants dans des situations inextricables. Une étude de l'OCDE mesure l'impact du Covid sur la scolarité[1]. Cette dernière ne fait que révéler des travers bien français, ancrés depuis de nombreuses années dans notre façon d'enseigner. Alors que cette longue interruption de l'école a été comblée par les moyens informatiques, 18 % des professeurs de français assuraient après le premier confinement avoir urgemment besoin de formations informatiques, afin d'avoir les compétences nécessaires pour utiliser les logiciels et faire travailler les élèves à distance.

Le premier confinement aura au moins eu le mérite de démontrer aux professeurs, même les plus réticents, qu'on ne pouvait plus faire sans l'informatique. Que ça nous déplaise ou pas, l'ordinateur est devenu un outil scolaire majeur. Il est à noter que la France n'est pas en « pole position » – c'est un euphémisme ! – quand il s'agit d'encourager l'utilisation pertinente de l'ordinateur. Seuls 36 % des professeurs, si l'on se réfère à une enquête de la Direction de l'évaluation de la prospective

1. Violaine Morin, « L'OCDE évalue l'impact de la crise du Covid-19 sur la scolarité », *Le Monde*, 8 septembre 2020.

et de la performance de l'Éducation nationale (DEPP), encouragent les élèves à utiliser l'informatique pour des projets ou des travaux en classe. C'est un chiffre largement insuffisant, quand 80 % des activités proposées par les enseignants au collège et au lycée demandent la possession d'un ordinateur. Un non-sens quand chaque jour qui passe voit s'ancrer davantage la présence de l'informatique et de la technologie dans notre quotidien.

Rien que pour décrocher un job, c'est un atout d'avoir dans son CV le diplôme de compétence informatique : le B2I, qui atteste le niveau des lycéens, des collégiens ou des étudiants dans cette matière.

Mais comment nos professeurs pourraient-ils s'en sortir quand la France, championne de la dépense publique, accorde une part de 8 % seulement à l'éducation, contre 11 % pour les autres pays européens ?

Ce mal-être étudiant dont je parle, on l'a tous ressenti. Je l'ai vécu pendant le premier confinement dans le cadre de mes études supérieures. Nous recevions par mails des voix posées sur des diaporamas sans âme. Les matières les plus palpitantes sont devenues fades. Les cours magistraux sont devenus des monologues académiques. Les professeurs les plus passionnants et les plus passionnés ne pouvaient plus digresser ou s'abstenaient des commentaires que l'on peut considérer comme accessoires et qui pourtant font l'essentiel de l'apprentissage d'un cours. Les professeurs étaient incapables de dissiper des doutes et des incompréhensions. Les élèves étaient transformés en simples récepteurs de documentation, sommés de lire, sans aide ni pédagogie. Nous assistions, bouche bée, à la disparition de la transmission. Ce nouvel enseignement en ligne coulait la diversité de l'enseignement dans une vague d'uniformité monotone.

Comme il n'y avait plus d'interactions ou presque, les cours ont perdu leur âme. Il n'y avait plus d'insolence de la part des élèves – comment faire preuve de causticité seul, face à l'écran de son ordinateur ? –, plus de débats. En fait… il n'y avait plus rien. Quant à l'esprit critique, il est mort éparpillé sur le champ du Covid.

Imagine-t-on seulement combien les exposés sont devenus rébarbatifs pendant le Covid ? Un exposé, normalement, c'est le moment où l'on est capable, en dix minutes, devant ses camarades, de transcender des semaines de travail de recherche. En dix minutes, on doit emporter son auditoire. L'emmener avec soi, quitte à susciter des débats.

Et là ? Là, rien. Plus rien. On a compulsé frénétiquement des encyclopédies en lignes et des pages Wikipedia... Pour tenter vainement de pallier le fait que les bibliothèques universitaires étaient fermées. Les recherches étaient pauvres, l'exposé monocorde. Et la présentation de ce dernier, d'une tristesse infinie... Puisqu'il ne s'agissait pas d'un oral, mais de l'envoi d'un sinistre PDF avec un nombre limité de caractères.

Et encore, je ne me plains pas ! Je fais partie des privilégiés. Ceux qui ont la chance d'avoir un ordinateur et une connexion Internet irréprochable, ce qui n'est pas le cas de tous mes camarades.

Le public des facultés étant majoritairement plus modeste que les élèves des écoles de commerce ou des prépas, certains retournaient se confiner chez leurs parents, bien loin des métropoles et des centres-villes ; je vous laisse interroger mon camarade Alexandre, retourné se confiner chez lui, en Mayenne, et lui demander comment se sont déroulés les cours à distance… Les difficultés qu'il a eues à convaincre ses chargés de TD que, non, il n'était pas un tire-au-flanc cherchant à grappiller des jours supplémentaires pour rendre ses devoirs, mais qu'il était VRAIMENT dans l'incapacité de le faire tant son réseau était insuffisant. J'évoque mon ami, mais savez-vous que ce sont un quart des jeunes qui vivent en zone rurale selon les chiffres de l'INSEE[1] ?

Et encore, tous n'ont pas eu, comme lui, quelques professeurs bienveillants pour prendre son numéro de téléphone et essayer de le tenir au courant de l'emploi du temps de la semaine auquel il n'avait pas accès faute de réseau, donc. C'est ainsi. En rentrant chez leurs parents, beaucoup ont renoué avec les zones blanches. Si la 3G recouvre presque intégralement le territoire français, toute l'importance réside dans le « presque ». Selon les données du site monreseaumobile.fr cité par le ministère

1. Laurie Pinel, « Conditions de vie des jeunes femmes en zone rurale : des inégalités par rapport aux hommes ruraux et aux urbaines », DREES, *Études et Résultats*, n° 1154, juillet 2020.

de la Cohésion des territoires, certains lieux proches des Alpes ou des Pyrénées n'y ont pas accès. Quant à la 4G, puissance minimum si l'on veut suivre des cours raisonnablement, le *Journal officiel* déclarait le 31 mai 2020 qu'il restait encore 484 communes à prioriser pour organiser son déploiement. Si je n'évoque pas la fibre, c'est bien parce qu'à l'heure où certains sont persuadés que les compteurs Linky envoient des puces 5G dans le cerveau, l'accès à la fibre optique ne peut pas être optimal. Et pour preuve, mise bout à bout, la fibre optique est accessible pour seulement 8,3 millions de Français[1].

Dans le flot de choses à réaliser à distance, je vous épargnerai le long récit des partiels avec des formats différents pour chaque copie, des consignes techniques plus difficiles à comprendre que l'examen lui-même, le tout entouré de conditions d'une rare bêtise, comme un nombre de lignes prédéfini et l'obligation de rendre sous un certain format si l'on voulait éviter de perdre des points...

1. « Avant le déploiement de la 5G, que reste-t-il des zones blanches en France ? », *L'Express*, 19 septembre 2020.

S'assurer qu'un élève lors de partiels ne dépasse surtout pas les trois pages : voilà la vraie priorité ! Heureusement, pendant le deuxième confinement, les choses ont été pensées différemment. Vous y avez cru ? Qu'on aurait appris de notre expérience ? Qu'on se serait adaptés devant la catastrophe et les décrochages ? Mais non, évidemment. Non. Ça a été la même galère. Tous les élèves ont été conviés à rester chez eux pour les cours. Si, une petite innovation tout de même. La moitié de mes amis, qu'ils habitent à Nantes, Angers ou Paris, ont reçu un mail de la faculté exigeant leur présence pour les partiels quelques jours à peine avant que ceux-ci ne se déroulent. Quel est le message envoyé ? Assurer des cours en présentiel demande une organisation trop compliquée, mais il est d'une facilité déconcertante d'organiser à l'arrache des examens ? Le tout, en exigeant que tous les élèves soient présents. Mais que se passait-il si l'un d'entre eux était cas contact ? Renvoyé illico au purgatoire du rattrapage pardi ! Ce n'est pas tout. Quand une élève de l'université de la Sorbonne s'indigne qu'une absence en partiels pour cause de Covid entraîne un 0 éliminatoire, empêchant ainsi toute opportunité de rattrapage, le ministère répond avec assurance que pour ne pas pénaliser les étudiants, une règle a été fixée : des sessions de substitution doivent être organisées dans un délai supérieur à quatorze jours, mais n'excédant pas deux mois après la première session. Seulement, le lendemain, ce même ministère n'étant visiblement pas capable de connaître les règles que lui-même fixe, se corrige en expliquant que cette organisation de sessions de substitution n'est en aucun cas une obligation, mais une recommandation.

Imagine-t-on l'angoisse dans laquelle on a plongé les étudiants ?

Une recommandation aussi floue et chaotique provenant du ministère du Travail ou de l'Intérieur aurait provoqué la colère de toute la classe politique.

Mais là, rien. Cette situation n'a suscité aucune réaction. Comme tout ce qui concerne les étudiants.

Et ces fameux partiels, ont-ils été au moins pensés dans le respect des sacro-saintes règles sanitaires ? *Que nenni !* Ce fut une fois encore ubuesque : les épreuves organisées sur une seule journée se sont allongées sur plusieurs jours, voire une semaine, prétendument pour qu'on soit moins nombreux à la fois et que ce soit plus fluide. En fait, ça n'a fait que provoquer des chassés-croisés d'élèves plus importants.

Ce qui devait se résumer en une journée se trouva éparpillé en deux jours et, avec cela, une liste d'objets obligatoires au bon déroulement du partiel : lingettes pour nettoyer sa tablette, gel hydroalcoolique... Le tout avec une fouille obligatoire des sacs et un contrôle des objets emportés. Résultat des courses ? Un changement de place qui rapprochait les élèves, des vérifications absentes, un port du masque respecté approximativement. Toute cette organisation, rappelons-le, afin que les examens se déroulent sur tablette... Le meilleur étant que des épreuves ont eu du retard à cause de bugs informatiques... Mais il s'est passé à Nantes et ailleurs ce qui a fait scandale à l'université de Paris, avec les mêmes étudiants en médecine. Leurs voix se sont fait entendre grâce aux réseaux sociaux et au mot dièse #mentalbreakup, par l'intermédiaire duquel les étudiants montrent la cohue des élèves dans les couloirs, l'absence totale de distanciation sociale, un port du masque aléatoire, des mails secs et courts avertissant la veille pour le lendemain du report des partiels, et j'en passe. L'effet de groupe encourage les prises de parole et chaque récit est une perle rare dans le monde hallucinant des universités françaises. À des élèves qui se plaignent du volume de papier que demandent ces cours à distance et du peu de pédagogie que représentent les capsules vidéo et les diaporamas, des professeurs répondent qu'il faut se lever plus tôt. Mieux encore, à des élèves qui s'interrogeaient contre la tenue d'évaluation directement après les fêtes, on a répondu : « La vie est un processus à risque. » Venant de professeurs de faculté qui n'ont pas spécialement envahi l'espace public par leur volonté de reprendre les cours en présentiel, permettez-moi de sourire.

À Montpellier dans le cadre de la sixième année d'études d'avocat, alors que les journées sont identiques et se résument littéralement à de longs pensums de conférences et de simulations, les étudiants se sont déplacés pour l'épreuve de déontologie et se sont retrouvés à 150 dans un amphithéâtre pendant plusieurs heures.

Dans ce pays où les facultés sont devenues l'allégorie de l'Absurdistan, mon ami Hakim a cru défaillir lorsqu'il a appris la nouvelle. Déjà, achevé par la mise en place du couvre-feu à 18 heures dans sa Région, il découvre la veille de ses partiels que dans sa salle d'épreuve se trouvera l'un des jeunes présents à la fête sauvage organisée le 31 décembre en Bretagne. L'hallucination était totale. La fac encourage naturellement ses étudiants à ne pas venir s'ils sont malades ou cas contact, mais comme elle ne propose aucune alternative que les rattrapages ou la défaillance… elle invite implicitement les étudiants potentiellement contaminés à faire peser un risque sur tout le monde, pour préserver ses propres intérêts et pouvoir se vanter de la réussite des partiels en présentiel.

Mais qu'importent les contaminations potentielles ! Les élèves ne reviendront pas à la fac de sitôt. Contrairement aux classes préparatoires, par exemple, qui pour certaines ont pu continuer à s'organiser pour quelques cours et les travaux pratiques. Dans ce cas, comment ne pas penser que la fermeture et le manque d'organisation concernant les facultés résultent davantage d'un choix politique que sanitaire ?

De plus, avons-nous conscience du nombre d'élèves, notamment en première ou deuxième année, qui décrochent ? C'est un élève sur six selon « la commission d'enquête pour mesurer et prévenir les effets de la crise du Covid-19 sur les enfants et la jeunesse » !

Mais la vague qui m'inquiète le plus n'est pas sanitaire, elle est sociale. Il faut être aveugle, ou énarque, pour ne pas s'apercevoir que des milliers d'étudiants se sont retrouvés brutalement sans moyens financiers pour subvenir à leurs besoins. Et quand j'évoque les besoins, je ne parle ni des sorties, ni des boîtes de nuit. Mais des quelques centaines d'euros gagnés chaque mois pour espérer une vie à peu près décente. C'étaient les quelques euros qui évitaient aux parents de se mettre dans une situation économique tendue pour aider leurs enfants. On dit que cette jeunesse n'est pas courageuse ? Avant le Covid, un de mes amis faisait chaque week-end trois heures de route pour rentrer chez lui et travailler. Avec le Covid, du jour au lendemain, sa source de revenus supplémentaire a disparu. En revanche, son loyer, lui, est toujours bien là. Il devait le payer sans le moindre retard. Et bien que cet ami soit bien éloigné de ce qu'on appelle une situation confortable, il n'est pas en haut de la pile des dossiers que gèrent les résidences étudiantes. Conséquence ? Son loyer n'a pas été gelé. Un autre ami s'est retrouvé sans job du jour au lendemain. Il était surveillant dans un musée à Angers et supervisait le bon déroulement des réceptions nocturnes. Ils sont 90 vacataires de la ville dans le même cas. Ces structures qui faisaient vivre des vacataires, étudiants pour la plupart, sont fermées depuis des mois, et les jeunes... ne reçoivent plus un sou. Le système d'obtention des aides ne les prenant pas en compte, c'est un compte bancaire dans le rouge qu'ils ouvrent chaque jour.

Mon ami a la chance d'étudier dans la ville où vivent ses parents et s'enlève l'épine du pied d'un loyer à payer chaque mois. Néanmoins, les dépenses existent : les livres pour la faculté, le Code de la route, le permis de conduire, les formations professionnelles... et c'était sa seule source de revenus. Ce qui est frappant, c'est de voir à quel point le service public adore les étudiants quand tout va bien... et les oublie dans l'adversité. Pour les petits boulots, oui. Quand ils sont dans la mouise, non. On adore les étudiants quand ils font un service civique et qu'ils remplissent des tâches importantes pour une rémunération déplorable. On adore les étudiants quand ils sont internes ou externes en médecine et qu'ils sont payés une misère pour chaque mois de stage et chaque garde effectuée. On adore les étudiants quand ils sont vacataires et qu'ils ont des responsabilités de salariés. En revanche, personne dans ce pays n'aime les étudiants quand il s'agit de considérer la perte de leur emploi. Le pire, lorsque mon ami nous a raconté ce qu'il vivait par discussions Messenger interposées, c'est la réaction de la mairie. Une élue dans un article de *Ouest-France* assume que « le service public ne peut émettre des rémunérations sans contreparties » et ajoute sans honte ni gêne aucune que « nous n'allions quand même pas modifier le statut de ces personnes puisqu'elles sont majoritairement étudiantes et que l'année se termine en juin »[1]. Si cette politique de non-prise en charge avait été menée dans

1. Jean-Philippe Nicoleau, « Confinement. Pourquoi 90 vacataires de la Ville d'Angers ne sont plus rémunérés », *Ouest-France*, 1er janvier 2021.

une entreprise, le scandale aurait été national. Or, sur cette conséquence de la crise sanitaire, qui existe à Angers et qui doit exister dans de nombreuses autres villes de France, les solutions ont brillé par leur absence.

Qui s'est intéressé à ce sujet ? Qui en a parlé ? Personne. Chaque année, les loyers sont de plus en plus chers et par conséquent de plus en plus inaccessibles. Les résidences universitaires type Crous réservées aux plus précaires sont surchargées. Chaque année. De plus en plus d'étudiants sont obligés de chercher un appartement dont le loyer, trop élevé, ne fera qu'empiéter largement sur les dépenses mensuelles. Cette réalité devrait faire l'objet de toutes les attentions politiques. Or ce n'est pas le cas. À croire qu'elle n'intéresse personne. Il faut se rendre compte que ce sont dans les villes où les concentrations de formations universitaires sont les plus importantes que se trouvent les pénuries de logements étudiants. 64 % des étudiants suivent leurs formations dans des villes de plus de 500 000 habitants et c'est logiquement dans ces villes que les tarifs sont les plus élevés. Il suffit de se balader dans une faculté ou dans une ville étudiante pour s'en apercevoir. Comble de l'absurdité, pendant les confinements successifs, certains étudiants ont réussi à rentrer chez leurs parents, laissant ainsi derrière eux des studios vides. Ceux qui habitaient dans des logements Crous ont eu la chance de voir leurs loyers gelés depuis le 1er avril. C'est une bonne chose. Mais les autres ? Vous savez, les étudiants, les boursiers qui ne sont pas dans les 30 % qu'accueille le Crous, comment se débrouillent-ils ? Arthur explique une situation banale dans *Le Figaro Étudiant*[1] : « "Mes parents paient mon loyer de 384 euros à Toulouse. Mon père est conseillé de gestion de patrimoine indépendant. Il s'attendait à une baisse de ses revenus compte tenu de la situation sanitaire." Alors le jeune homme a demandé à l'agence Atléal en charge des logements de sa résidence étudiante de suspendre son loyer. » Mais cela lui a été refusé et quand ce dernier a voulu résilier le bail, l'agence n'a pas voulu, car seule l'école peut en faire la

1. Emma Ferrand, « Confinement : la galère des étudiants pour payer un logement qu'ils n'occupent plus », *Le Figaro Étudiant*, 21 avril 2020.

demande. Avec ce témoignage, on peut comprendre que certains rouages bureaucratiques, au lieu de faciliter nos vies… les ont rendues infernales. Et encore ! Arthur ne payait que (!) 384 euros de loyer ! Mais lorsque Clément, tout juste étudiant, paie 700 euros de loyer par mois pour son studio à La Rochelle et que son déménagement est impossible car « ce n'est pas un déplacement jugé important », comment peut-il se débrouiller ? Il ne peut pas. Il paie. Pour rien.

Considérons ces deux exemples comme (presque) chanceux. Ceux qui étaient en période de stage ont connu des péripéties encore plus ahurissantes. Louise a presque dû utiliser la téléportation pour rentrer chez ses parents. La veille, elle regardait, dépitée, son téléphone en étant suspendue à chaque mot que prononçait le président de la République. Dès qu'elle a entendu le mot confinement, du haut de ses 22 ans, elle s'est précipitée dans un vol express en partance du Canada pour rejoindre la France, avec trois mois d'avance sur le calendrier initial. Heureusement pour elle, sur les 1 300 euros de loyer qu'elle devait régler pour trois mois, elle n'en a payé que la moitié avec de l'argent économisé durant plusieurs saisons de petits boulots... De toute façon, pourquoi se plaindre ou évoquer cette situation ?

Qu'obtient-on pour à peine 650 euros, c'est-à-dire la moitié de son loyer, de nos jours... ? Sans doute un ordinateur suffisamment complet pour survivre à des heures de cours à distance ou de visioconférences. Une de mes amies avait de la chance. Du moins, c'est ce qu'elle croyait. À la fin de sa licence d'économie, elle avait réussi à décrocher un stage de plusieurs mois dans l'armée. Plusieurs mois pour se mettre dans la peau d'une DRH avec une immersion totale dans le milieu militaire. Elle devait être logée sur place. Le stage s'annonçait dur, mais la rémunération satisfaisante. Comment ce stage s'est-il déroulé ? On ne le saura jamais, car ce dernier a été annulé. Paniquée, elle a demandé à chacun d'entre nous des contacts, des pistons, de l'aide, elle a envoyé son CV partout et des mails par centaines. Les réponses étaient tristement identiques chaque fois : « Votre profil nous intéresse, hélas, en raison des différentes décisions sanitaires, nous ne pouvons donner suite à votre demande… » Alors, dans l'urgence, elle a dû s'inscrire dans le premier cursus hasardeux qui voulait bien d'elle à la dernière minute. Les administrations des facultés étant en vacances, les réponses définitives ne sont arrivées que fin août-début septembre. Des vacances d'été formidables à ne pas savoir ce qui l'attendait. Allait-elle devoir déménager ? Pour aller où ? Quel cursus, dans quelle ville ? Quelle fac allait finalement l'accepter ? Réussirait-elle à trouver un appartement si tard ? Et un job étudiant pour équilibrer ses comptes ? Rien n'était moins sûr.

A-t-on pensé un seul instant à la détresse psychologique dans laquelle ces jeunes se sont retrouvés ? Et ceux qui étaient dans leur dernière année ? Quel que soit le cursus. Ceux qui finissaient leurs stages dans une entreprise ? Ceux à qui on avait promis un CDI, un salaire, un vrai, après de longs mois de précarité ? Ceux qui remplissaient parfaitement leurs missions ? Tous ces jeunes brillants et prometteurs ? Que sont ces promesses d'embauches devenues, à votre avis ?

Et dans quelle angoisse ces portes, qui se sont refermées les unes après les autres, ont fait sombrer notre jeunesse ?

Et les lycéens ? Ces lycéens bac en poche, qui voulaient entrer dans le monde du travail avec une formation rapide et diplômante ?

Ceux-là aussi sont restés sur le carreau. Je l'ai vécu avec mon frère. Je l'ai vu traverser courageusement ces longs couloirs pénibles des « forums des métiers », écoles et entreprises qui, avant le Covid, garantissaient toutes des places pour l'année suivante. Depuis, le Covid est passé par là. Et il a vu les refus s'enchaîner, l'impossibilité d'être en alternance. Il a dû mettre une croix sur des projets qui lui tenaient à cœur.

Et qu'a-t-on dit à ces bacheliers ? A-t-on fait preuve de compassion à leur égard ? Vous plaisantez ! On leur a craché au visage. On les a accusés d'avoir volé leur diplôme. 95,7 % des lycéens avaient décroché le bac cette année-là. C'était bien la preuve qu'il avait été donné dans une pochette-surprise. Mais nos commentateurs feignaient-ils de découvrir qu'en France la véritable difficulté désormais, c'est de ne PAS obtenir le bac ? Et cela fait de longues années que ça dure. C'est d'ailleurs pour cela que ce diplôme ne vaut plus rien.

Pourtant, s'il y a une année où on aurait pu faire preuve de mansuétude à l'égard des lycéens, c'est bien celle-là, si chaotique, si peu propice à la réussite.

Pas une seule fois, nous ne nous sommes posé la question de savoir si tous les élèves de lycée étaient capables de travailler en autonomie chez eux. De se forcer à s'installer derrière un ordinateur – s'ils en avaient un ! – et de se mettre dans les mêmes conditions que dans une classe.

Le tout, dans une ambiance de confinement, c'est-à-dire avec des parents qui dans le meilleur des cas sont en télétravail, ou qui sont au front du Covid, ou pire encore, des parents qui sont là sans cesse. Rôdant autour des chambres de leurs ados comme une faucheuse guettant la mort, s'assurant, maintenant qu'ils avaient le temps, que les devoirs étaient bien faits, qu'ils ne passaient pas trop d'heures sur les écrans, que les jeux n'étaient pas trop violents et j'en passe… Des adolescents enfermés chez eux, sans possibilité de voir leurs amis et sans faire de sport qui sont des activités essentielles à cet âge. C'est un sujet sur lequel alerte David Thivel, coordinateur de l'étude Report Card, dont la troisième édition a été publiée le 25 janvier 2021. Il insiste sur la dégradation de la « santé des enfants et des adolescents » et anticipe une réduction de l'espérance de vie en bonne santé.

Alors, de grâce, ne venez pas me dire que la fin de l'année scolaire était à leur avantage. Cette thèse est même confirmée par l'étude de la Direction de l'évaluation du ministère de l'Éducation nationale rendue publique en juillet dernier, permettant ainsi de percevoir l'attitude des élèves, jusqu'au 11 mai[1]. Seuls 68 % des professeurs en collège-lycée considèrent que leurs élèves ont appris convenablement. Quand les parents sont interrogés sur l'organisation et le maintien des cours durant le confinement, 66 % pensent que le niveau d'apprentissage a été maintenu, quand seulement 41 % assurent que l'élève a pu progresser dans certaines matières. Mettons donc de côté ces 41 % de parents et

1. *Crise sanitaire de 2020 et continuité pédagogique : les élèves ont appris de manière satisfaisante*, DEPP, Note d'information n° 20.26, juillet 2020.

ces chiffres qui s'écroulent dans les établissements difficiles, et rappelons-nous les enquêtes PISA qui chaque année provoquent une fausse secousse d'indignation, pour essayer de mettre le projecteur sur les chiffres médiocres de nos résultats scolaires. Nous sommes devenus excellents en rien, moyens en tout et mauvais partout. Les derniers chiffres de l'enquête internationale TIMSS sont glaçants[1]. La France a le plus mauvais système éducatif lorsqu'il s'agit des sciences. Notre pays est le dernier de l'Union européenne.

Voilà qui aura des conséquences dramatiques pour des générations entières et fait douter des capacités de la France à se redresser. Si les compétences sont très moyennes, pour ne pas dire faibles, il est impensable que le pays se redresse, que le niveau de revenu augmente, que les industries se développent en même temps que les technologies et que, de fil en aiguille, les entreprises se modernisent, progressent, se robotisent plus rapidement et qu'enfin la confiance dans la science s'améliore.

1. Savinien de Rivet, « Niveau en maths et en sciences : la France s'enfonce », *Libération*, 8 décembre 2020.

C'est toute cette chaîne que l'on paralyse avec des résultats si médiocres pour un pays qui se perçoit encore comme le phare dans la nuit de la mondialisation et qui prétend au rang de sixième puissance mondiale.

Revenons au Covid. D'accord, on a envoyé les étudiants de fac passer leurs examens en présentiel. En revanche, pour les lycéens, il n'y a pas eu de bac. Ces milliers de jeunes vont donc être projetés dans les études supérieures sans avoir connu les conditions d'un véritable examen. Ni les conditions, ni la joie de l'obtention. À vaincre sans péril, on triomphe sans gloire. Jonas, 17 ans, le résume parfaitement dans un papier du *Point*[1] : « Depuis le début de l'année, je me suis concentré sur mes spécialités pour être sûr d'avoir la licence que je souhaitais sur ParcourSup et j'ai un peu laissé tomber le reste. Je misais sur le bac pour compenser et je m'étais bien préparé à l'examen pour avoir ma mention, mais là, c'est raté. »

1. Anne-Noémie Dorion, Louise Cuneo, Alice Pairo-Vasseur, « Baccalauréat 2020 : "Un peu comme si on nous avait volé notre bac !" », *Le Point*, 7 juillet 2020.

Les lycéens sont naturellement à inclure dans cette génération sacrifiée. *Le Monde* a dédié un papier instructif sur leur sentiment au cœur d'une année si particulière, désolés par les annonces du reconfinement[1]. Titouan, qui est dans un lycée en Loire-Atlantique, pose des mots sur ce que beaucoup n'ont pas voulu entendre – les conséquences de décisions aussi brutales et définitives que le confinement : « Je n'ai jamais autant pris goût à aller au lycée que pendant la période post-confinement. C'est désormais un plaisir d'aller au lycée, de voir du monde, d'échanger, de rire, d'être dégoûté par telle ou telle note. » Même réflexion du côté de Maylis dans les Pyrénées-Atlantiques heureuse de retrouver la vraie vie avec ses copains : « OK pour le port du masque et la distanciation sociale, ce n'est pas rigolo, mais c'est tellement mieux que de rester seule à la maison. »

Ce stress et cette pesanteur que l'on perçoit dans le regard des élèves sont confirmés par

1. Séverin Graveleau, « "Toute ma scolarité, j'ai beaucoup travaillé. Le Covid-19 me vole ce moment unique dans une vie" : deux années noires de terminale », *Le Monde*, 17 novembre 2020.

les professeurs de lycée qui expliquent tous volontiers les mécanismes qui commencent à se mettre à l'œuvre et les obsessions qui traversent l'esprit des jeunes. On rentre dans une spirale où « ils s'inquiètent de leurs dossiers, et sont déjà en train de calculer leurs points au bac. Ils se disent que la pression dans les filières sélectives du supérieur va être énorme, ils ne comprennent pas pourquoi leurs enseignants n'en savent pas plus qu'eux ». Et comme si cette situation ne suffisait pas, la ministre de l'Enseignement supérieur adresse un message aux lycéens, le 21 janvier : sur les réseaux sociaux, elle défend piteusement ParcourSup, dans une vidéo hors sol et déconnectée des préoccupations de la jeunesse.

Le plus inquiétant, c'est la résignation avec laquelle tout se passe. On a entendu les professeurs, certainement de façon légitime, se mettre en grève, afin de dénoncer les protocoles bâclés qui ne garantissaient pas des conditions sanitaires nécessaires, mais on n'a jamais entendu les élèves. Nous n'avons entendu aucun élève se plaindre avec force des aléas auxquels ils devaient faire face semaine après semaine.

Heureusement, les syndicats se sont, eux, inquiétés pour le mental des élèves. Je ne pense pas faire preuve de misérabilisme quand je souligne qu'on a privé cette génération d'une partie de ses souvenirs. Le lycée, plus qu'un lieu d'apprentissage, est un espace de vie. Il marque le début des premières grandes amitiés qui, si elles sont véritables, survivront aux cycles supérieurs et aux aléas de la vie. Le lycée reste le terrain des premières fois. Les premières heures de colle pour un fou rire, les premières esquives de cours pour rejoindre celle qui nous a plu, le premier baiser... Le lycée, c'est aussi se souvenir des aliments disposés dans une assiette blanche de la cantine et que trop souvent nous osons appeler repas ! C'est dans ce lieu d'apprentissage qu'on grandit. Qu'on rencontre des gens. Qu'on choisit nos futurs acolytes de soirées. Qu'on aime. Le lycée, c'est un lieu de passage que l'on mésestime et que l'on dénigre lorsque nous y sommes, mais que nous regrettons dès que nous le quittons.

Toutes nos vies, nous nous souviendrons de nos yeux plissés devant un grand tableau aux couleurs froides, recouvert de feuilles blanches, recherchant, parfois en vain, notre nom pour certifier l'obtention de notre bac.

Nous nous rappelons tous ce moment où les élèves, même ceux qui ne se connaissent pas, s'enlacent pour oublier d'un geste tendre ces trois années de faux calvaire.

Puis, une fois le bac en poche, survient toujours un long moment d'innocence et de rêve, où tout est prétexte à aller voir des amis avant de rejoindre la cour des grands.

Alors, ces quelques instants arrachés que beaucoup ne vivront pas, ce n'est peut-être pas la chose la plus essentielle. Sans doute pas la pire des privations au monde. Certes. Mais une fois encore, ils en ont été privés. Une fois encore, on ne leur a rien demandé. Une fois encore, on ne les a pas écoutés. Une fois encore, on les a moqués...

On leur a enlevé ces moments d'innocence et de joie... En revanche, on va leur laisser la crise.

Une crise économique

Emmanuel Macron l'a reconnu en affirmant qu'il avait « conscience des sacrifices qui ont été demandés à notre jeunesse ces derniers mois. On sortira de cette crise en étant encore plus au rendez-vous de ce que nous leur devons. Je m'en porte garant[1] ». C'est étrange, cette sensation de déjà-vu, non ? Seulement, je n'ai pas attendu qu'Emmanuel Macron le dise, à la rentrée qui plus est, pour le réaliser. Mes amis non plus. Aucun d'entre nous, en fait. Combien de fois, lors de nos traditionnelles soirées, le sujet est arrivé sur la table naturellement. Immanquablement, nous parvenions

1. Emmanuel Macron, Twitter, 1er octobre 2020.

à la même conclusion : « On va morfler et puis voilà. » Et c'est ce qui m'a impressionné lors de cette crise. Cette prise de conscience immédiate. Interprétons ensemble le sondage de l'Ifop réalisé pour Europe 1 - *La Tribune*[1]. Les chiffres que l'on peut lire sont sans appel. Pourtant, le sondage a fait très peu de bruit. 87 % des jeunes (18-30 ans) sont d'accord pour dire que « ce sont les jeunes générations qui vont payer pendant des décennies la dette contractée au cours de la crise du coronavirus ». Remarquons que les jeunes sont beaucoup plus lucides que les politiques. Ou en tout cas… plus francs. La suite de l'étude dévoile des chiffres tout aussi intéressants. 78 % regrettent de ne pas pouvoir vivre une vie sociale et affective normale, pendant que 66 % estiment qu'ils sont injustement accusés d'être responsables des différentes hausses des chiffres de l'épidémie. Quand on se plonge dans cette enquête d'opinion, on remarque que, contrairement à ce que l'on a pu entendre, les jeunes ont été durement

1. Philippe Mabille, « Coronavirus : les jeunes se vivent comme la génération sacrifiée de la crise », *La Tribune*, 12 octobre 2020.

frappés par le Covid-19 et les mesures prises par le gouvernement. Ce sont certainement ceux pour qui l'arrêt du travail a été le plus difficile. 24 % se sont vus dans l'obligation de cesser leurs formations dont 42 % étaient des lycéens et des étudiants. Rien que ça. Il faut y ajouter les 21 % qui ont été victimes de l'annulation d'un stage dans une entreprise à cause du télétravail rendant impossible la prise en charge des jeunes recrues. Il faut aussi mentionner les 18 % de jeunes « remerciés » – c'est l'euphémisme pour dire licenciés – ou dont le contrat n'a pas pu être renouvelé.

Pour toucher du doigt un autre angle de la détresse économique de ma génération, on peut également rappeler qu'elle, plus que n'importe quelle autre, est consciente de la crise écologique. Elle sait que cette dette-là, c'est elle aussi qui va en hériter. Elle a manifesté pour le climat. Et, à plus de 41 %, nous soutenons la nécessité d'une RSE (Responsabilité sociale et environnementale). Pourtant, avec cette crise, 54 % préfèrent que l'on mette en suspens les critères écologiques et ce qui encourage la transition écologique pour mieux se préoccuper de l'emploi.

Ma génération sait que sinon, elle, nous, ne nous en sortirons pas.

Justement, sur ce front de l'emploi dont, depuis quatre années, les chiffres étaient... « potables ». Les jeunes sont de moins en moins nombreux à être au chômage, ils sont ainsi passés de 24,5 % de la population au chômage en 2016 à 19,2 % au premier trimestre 2020[1].

Mais ça, c'était avant la crise.

Les 15-24 ans occupent 28 % des CDD, 17 % des apprentissages et 7 % des contrats d'intérim.

Parfait, mais ça aussi, c'était avant la crise.

Ceux qui étaient en apprentissage se réjouissaient de surfer sur la croissance de ce domaine : + 16 % en 2019, grâce à la libéralisation des CFA et à la suppression de la tutelle des Régions.

Ça encore, c'était avant la crise. Ceux-là aussi vont être anéantis.

Essayons de dézoomer la situation pour faire une projection sur le nombre de jeunes attendus sur le marché du travail. Additionnons

1. INSEE, « Au premier trimestre 2020, le marché du travail à l'épreuve de la crise sanitaire », n° 119, 14 mai 2020.

le nombre de lycéens, de jeunes diplômés, de bacheliers issus d'un bac professionnel ou de titulaires d'un BEP, soit environ 700 000 jeunes. 700 000 jeunes qui vont débarquer sur le marché du travail. 700 000 jeunes, alors que l'Observatoire français des conjonctures économiques[1] nous affirme que durant les huit premières semaines de confinement, 620 000 emplois ont été détruits, notamment des CDD et des contrats d'intérim. Combien d'emplois supplémentaires disparaîtront durant la période que nous vivons ? Et dans les mois qui viendront ? À l'Assemblée nationale, une commission d'enquête se réunit afin de « mesurer et prévenir les effets de la crise de la Covid-19 sur les enfants et la jeunesse ». La rapporteure, la députée de Seine-Saint-Denis Marie-George Buffet, l'énonce clairement : « Les effets négatifs touchent des jeunes, privés d'un rite de passage parce que leur année de terminale s'est achevée sans le bac, mais aussi les étudiants précaires, sans petits boulots, qui sont plus nombreux à

1. Bruno Ducoudré et Pierre Madec, « Évaluation au 6 mai 2020 de l'impact économique de la pandémie de Covid-19 et des mesures de confinement sur le marché du travail en France », OFCE, *policy brief*, n° 67, 6 mai 2020.

fréquenter les associations de type Restos du cœur ou Secours populaire. »

Cette situation est dégradante pour les plus jeunes d'entre nous. Elle est encore plus insupportable lorsque l'on met les chiffres en perspective sur les quarante dernières années. Partons du principe assez logique qu'un pays doit normalement investir dans sa jeunesse. Bien. Sauf que la France ne le fait plus. Depuis les années 70, la situation relative des plus jeunes se dégrade souvent au profit des aînés, car nos gouvernants ont fait le choix de retraites plus confortables. Le travail dans son ensemble n'aide pas les nouveaux entrants et il suffit de jeter un œil sur les dépenses publiques dans les secteurs prioritaires comme la santé ou les retraites pour constater que tout est orienté vers les plus âgés. Un chiffre pour essayer de convaincre les plus sceptiques ? 13,8 % de la richesse nationale sont dépensés pour les retraites. C'est 1,8 % de plus que la moyenne européenne qui se situe à 12 %. En France, la totalité des pensions atteint le chiffre assez astronomique de 310 milliards d'euros par an[1]. L'essentiel de cet argent (77 %)

1. JT France 2, 9 octobre 2018.

provient des cotisations des actifs, c'est-à-dire de ceux qui bossent. Dans *L'Opinion*, l'essayiste Hakim El Karoui avait proposé de « baisser les pensions des retraités pendant deux ans par exemple, pour renflouer les caisses du système social[1] », mais je vois d'ici la levée de boucliers que cette simple idée provoquerait. Et pourtant, il serait temps de rééquilibrer la balance. Les chiffres sont formels, la pauvreté est de 19,7 % chez les jeunes (18-29 ans), mais l'idée figée est que vieillesse et pauvreté forment un duo inséparable[2].

Ici, les chiffres sont importants pour essayer d'élever le débat. Pour le poser à un niveau politique, et avoir des arguments valables face à des seniors à la connaissance prétendument absolue. Mais au-delà des chiffres et des calculs, il y a la réalité qui explose à la figure. Il y a Montpellier, où Killian doit vivre avec 6 euros par jour. En troisième année de lettres à l'université Paul-Valéry, pendant la crise du

1. Hakim El Karoui, « Comment les retraités sont devenus plus riches que les actifs », *L'Opinion*, 9 octobre 2017.

2. Béatrice Madeline, « Les jeunes vont payer l'addition en matière d'emplois et de revenus après cette pandémie », *Le Monde*, 26 novembre 2020.

coronavirus, sa situation s'est dégradée de façon dramatique, alors il s'est inscrit à l'épicerie solidaire. Une épicerie solidaire qui depuis septembre tourne à plein régime. Chaque semaine, c'est une centaine d'étudiants qui s'y rendent. Dans le reportage qui lui est dédié sur France 3 Régions, Killian explique que son petit plaisir réside dans l'achat de Kinder Bueno : 1 euro les six ; et que ses achats essentiels se résument à des lentilles et du thon.

À Paris, il existe le local de l'Agoraé[1]. C'est une épicerie locale et solidaire ouverte spécialement pour les étudiants. À l'intérieur, on y retrouve tous les produits de première nécessité à un prix réduit. Pour toucher du doigt la précarité dans laquelle se trouvent ces étudiants, il faut regarder les critères d'admission qu'énonce la trésorière du site. Une fois que, par l'intermédiaire d'un dossier, toutes les rentrées et sorties d'argent ont été listées, l'Agoraé se charge de calculer le reste à vivre journalier. Tenez-vous bien. Les étudiants autorisés à venir faire leurs courses dans cette épicerie « ont un

1. Elsa Maudet, « Précarité étudiante : les épiceries font le plein », *Libération*, 25 octobre 2020.

reste à vivre estimé entre 1,20 et 7,60 euros ». En moyenne, les deux associations parisiennes comptent une cinquantaine d'étudiants. Depuis septembre et l'explosion de la crise, c'est plus de cinq dossiers par jour qui sont déposés en espérant avoir une réponse positive. La situation est telle qu'ils ont connu plus de demandes depuis la rentrée post-premier confinement que depuis la création de leur initiative en 2011.

À Angers, une jeune de 19 ans qui « bosse régulièrement dans la restauration » a été obligée pour combler son découvert de vendre d'abord ses habits, sa tablette, puis son ordinateur. Émilie est donc une étudiante précaire qui, pour vivre, pour manger, a dû se démunir des instruments et des outils informatiques nécessaires à son cursus universitaire. Beaucoup de jeunes espéraient le maintien de grands événements comme la Japan Expo ou le Vendée Globe pour gagner leur vie, mais ces derniers ont été annulés les uns après les autres ou n'ont pas embauché. Résultat ? Pas de coup de pouce, pas de petits boulots, et des fins de mois toujours plus difficiles.

Il est bien normal que, dans un premier temps, on pense aux commerçants et aux différents intermédiaires qui profitaient des avantages de ces organisations, sans pour autant réaliser qu'au milieu de ces gigantesques projets il y avait aussi les petites mains : des étudiants qui allaient être mobilisés pour l'accueil, le service, la sécurité ou la propreté... Pour connaître ces situations de près, voilà l'aide que cela peut apporter à certains d'entre nous : trois semaines à des stands d'animations pour les enfants, c'est 1 500 euros. C'est loin d'être une somme qui se refuse. Toujours dans le même style, la fac d'Évry a relancé l'initiative des colis alimentaires. *Le Parisien* raconte que lors de la première constitution de colis, les 300 lots se sont envolés en moins de trente minutes, et rapporte le témoignage de Jennifer qui, depuis la rentrée, n'a eu de cesse de chercher un travail pour s'en sortir. « J'étais prête à faire [n'importe quel boulot], insiste-t-elle. Mais avec la crise je ne trouve pas. Il n'y a pas de travail[1]. » On précisera que cette dernière, en attendant, est hébergée chez une amie...

1. Pauline Darvey (avec Gérald Moruzzi), « La fac d'Évry distribue des colis alimentaires pour aider les étudiants précarisés par la crise sanitaire », *Le Parisien*, 10 novembre 2020.

Il est évident que si cette pandémie a provoqué un certain nombre de troubles – c'est un euphémisme –, cette crise a accentué des problèmes préalablement existants. Il y a naturellement la crise de l'hôpital qui a été largement traitée, avec néanmoins des aspects négligés. Parmi tout le personnel soignant au front, beaucoup étaient de jeunes médecins titulaires ou en devenir. De jeunes externes accompagnant comme il se doit leurs internes. Des jeunes engagés, passionnés. Mais cela suffit-il si les moyens ne sont pas là ? Car les crises ne vont pas cesser, les épidémies ne vont pas s'envoler comme par magie, certains experts prédisent même leur explosion avec le réchauffement climatique. Imagine-t-on un instant la responsabilité qu'on laisse sur les épaules de ces jeunes fantassins ? Comment peut-on accepter qu'ils soient si maltraités ? Si mal rémunérés ? Si, pendant cette crise, on a fait appel à de vieux médecins retraités – dont il faut souligner le courage et la détermination –, combien de jeunes internes ou externes ont dû endosser des responsabilités qui n'auraient jamais dû être les leurs ? Qu'ils n'étaient pas même légalement autorisés à prendre ? Va-t-on continuer à payer minablement 40 euros les jeunes externes pour une nuit de garde après une journée entière à l'hôpital ?

Au moment où j'écris ces lignes, Bercy fait mine d'être rassurant. Allant jusqu'à se féliciter que l'activité chute trois fois moins que lors du premier confinement. On annonce également avec un sourire aux lèvres que la consommation chute deux fois moins qu'en mars ou en avril. Y a-t-il vraiment de quoi se réjouir de ne pas avoir réédité le pire ? Par ailleurs, l'onde de choc sur le long terme est là. Le ministère de l'Économie ne cesse de revoir ses prévisions de croissance à la baisse, anticipant ainsi les répercussions des restrictions édictées pour « vivre avec le virus ».

Depuis des mois, et avec ce nouveau confinement, et ce énième couvre-feu, nous sommes rentrés dans une nouvelle « normalité ». Une nouvelle normalité qui ne réussit pas plus aux hommes qu'aux entreprises, submergées sous les protocoles tatillons, les règles sanitaires, et les successions de décisions improvisées et parfois contradictoires. Un pays sous perfusion qui, dans l'ensemble, aura confiné plus durement que ses voisins européens, si l'on scrute attentivement « les données à haute fréquence », c'est-à-dire la mobilité, l'occupation des transports en commun ou l'utilisation de la carte bancaire dont on espère qu'elle reprendra comme après chaque déconfinement, même si, chaque fois, la reprise semble plus faible. De confinements allégés en couvre-feux ponctuels, de fermetures ciblées en déconfinements partiels, les entreprises s'endettent, les consommateurs sombrent dans la dépression et s'appauvrissent, l'espoir s'évanouit et avec lui s'éloignent les perspectives d'embauches et d'investissements.

À cette facture, s'ajoute ceux que l'on a vraiment sacrifiés : les restaurants, les bars, les brasseries, les caves à vin, les discothèques qui, c'est à craindre, seront nombreux à ne pas se relever. Ces derniers vont entraîner dans leur chute leurs fournisseurs, les chaînes d'approvisionnement, les filières agricoles ou agroalimentaires, qui sont en train de mourir sans que cela émeuve personne. Un exemple parmi tant d'autres : qui n'a jamais déjeuné, dîné ou grignoté des frites pour accompagner un plat que nous nous empressions de dévorer ? Eh bien en France, 75 % des frites sont consommées hors de la maison. C'est tout bête, mais demain la décision serait prise de rouvrir les restaurants, combien pourront retrouver leurs fournisseurs de patates ? Et par la suite, combien de fournisseurs pourront s'appuyer sur la filière agricole française ? C'est tout le maillage d'une profession qui, par ces décisions, est dévasté. Heureusement, pour résoudre ces maux, la France a su sortir les grands moyens : un plan de relance. 100 milliards d'euros. Pas besoin d'être économiste pour comprendre que c'est absolument colossal.

Hélas ! plus le temps avance, plus les explications sont données, moins on comprend. La seule certitude que l'on ait est la suivante : la planche à billets sous le matelas de l'État français est de sortie. Lors de la présentation de Jean Castex, un seul mot était dans toutes les bouches : la jeunesse. Ils sont 750 000 avec un diplôme que certains n'hésiteront pas à qualifier de « donné », au vu des circonstances. Alors que la jeunesse était dans toutes les promesses fleuries des bouches ministérielles à la fin du confinement – les promesses plus que les faits, puisque seuls 6,5 milliards nous ont été réservés sur les 100 milliards que comptabilise le plan –, tous les indicateurs annoncent une génération sacrifiée, avec des jeunes dont les problèmes sont occultés[1]. On ne pouvait pas dire que l'on ne savait pas. La situation était identique en 2008. Une crise sans précédent déclenchant successivement une crise boursière puis financière, avec toujours cette question : Que va-t-on faire pour les jeunes ? Laurent Wauquiez, alors secrétaire d'État chargé de l'Emploi, affirmait dans *Les Échos* qu'« il n'y aurait pas de génération sacrifiée ». Et pourtant… les chiffres sont têtus. Le nombre de jeunes de moins de 25 ans à la recherche de travail a explosé alors de 72 %. Ils étaient 64 000 en 2008 pour se retrouver 109 000 en juillet 2010. Les jeunes sont largués, beaucoup accusent alors les organismes officiels de ne pas les avoir suffisamment guidés et aidés. En 2021, les enjeux sont identiques et les problèmes sont les mêmes. Le gouvernement semble pourtant avoir un optimisme à toute épreuve, tablant sur le pari ambitieux de

1. Leïla de Comarmond, « Emploi des jeunes : un plan à 6,5 milliards pour éviter une génération perdue », *Les Échos*, 23 juillet 2020.

450 000 embauches par l'intermédiaire d'une prime de 4 000 euros. Cette prime sera donnée, comme chaque fois en France, sous des conditions interminables dignes d'une machine bureaucratique devenue folle. Alors, quelles sont ces conditions ? Il faut que le jeune de moins de 25 ans ait été embauché entre août et janvier, que le contrat soit d'au moins trois mois, et qu'il équivaille à deux SMIC. Si, et seulement si, TOUTES ces conditions sont réunies, alors ce coup de pouce pourra être maintenu durant une année à la hauteur de 1 000 euros chaque trimestre. Bien sûr, comme la crise ne va pas cesser, les conditions vont évoluer, être adaptées... Et ce sera aux jeunes de se débrouiller dans ce marigot normatif. De trouver un chemin, une aide. De s'en sortir, tout simplement.

Le gouvernement prévoit également, dans ce grand plan de relance, de mettre en avant une aide de 5 000 euros pour ceux qui vont embaucher une personne en alternance, afin de favoriser la formation et l'orientation de 200 000 jeunes vers des métiers d'avenir tout en misant sur l'accompagnement de 300 000 jeunes dans des parcours d'insertion.

En effet ces filières délaissées et moquées pendant des années affichent des résultats bluffants alors même qu'ils sont timidement relayés. Jugez plutôt : 79 % des jeunes empruntant les voies professionnelles ou les voies d'apprentissages sont embauchés après le bac ou de très courtes années d'études. Une fierté française ! Ces mesures, bien que demandant une somme folle d'argent public, ne sont pas efficaces. Le plan édicte des normes d'âge précises... alors même que les études sont formelles : les recruteurs cherchent des profils, des diplômes. Aussi, s'il était question de sortir les jeunes du chômage, aurait-il mieux valu... cibler les chômeurs ! Au lieu de cela, on a créé des cases, des protocoles, des méandres bureaucratiques dans lesquels la majorité des jeunes en situation de précarité ne vont pas rentrer... Et nous allons donc, une fois encore, les laisser sur le carreau.

La crise du coronavirus a bien entendu dégradé encore les conditions d'entrée sur le marché du travail. Selon l'OIT les pertes d'emploi touchent 8,7 % des jeunes, ce qui prouve une fois de plus, si cela était nécessaire, « le risque plus que jamais réel d'une génération perdue[1] ». Mais ne nous voilons pas la face, cela fait de longues années que la situation des jeunes se détériore. Que la méritocratie républicaine n'est plus qu'un vain mot. Sait-on seulement qu'il n'y a que 4,4 % de fils d'ouvriers à l'ENA ? Depuis 1979, la composition sociologique de l'ENA n'a pas bougé. 70 % des enfants sont issus d'une famille de cadres. 12 % de professions intermédiaires[2]. La dernière étude des chercheurs de l'Institut des politiques publiques prouve que la diversité sociale de ces établissements n'a pas bougé d'un iota. La part des jeunes défavorisés n'a jamais dépassé les 10 % quand les CSP+ plafonnent aux 80 %. Cette étude met le doigt sur les inégalités territoriales et la concentration de mêmes profils que regroupent ces grandes écoles. En 2016-2017, près de 30 % de leurs élèves avaient passé le bac à Paris, alors que les bacheliers parisiens ne représentent que 20 % des lycéens... Ces quelques chiffres prouvent

1. Rémi Barroux, « La pandémie de Covid-19 a fait basculer 114 millions de personnes dans l'inactivité et le chômage », *Le Monde*, 25 janvier 2021.

2. Caroline Beyer, « Entre diversité sociale et méritocratie, la voie étroite de l'ENA », *Le Figaro*, 13 janvier 2020.

que les concours destinés à assurer une entrée méritocratique dans la haute fonction publique présentent des particularités qui témoignent d'une inégalité des chances dont ce concours est l'étape ultime, mais que les enseignements secondaire et supérieur n'ont pas su pallier.

Reprenons les chiffres de 2019[1] : ils montrent que près de la moitié des jeunes n'ayant aucun diplôme ou le brevet des collèges sont au chômage dans les quatre années qui suivent la fin de leur formation initiale. Pour tous les nouveaux arrivants à la fac ou les étudiants qui enchaînent les années en faculté pour une licence, un master, voire pour les plus motivés un doctorat, les problèmes s'accumulent… Aussi, si nos gouvernants se paient de mots et de tirades sur la jeunesse, cette dernière paraît bien loin d'être au cœur de leurs préoccupations.

1. INSEE, « Taux de chômage selon le niveau de diplôme et la durée depuis la sortie de la formation initiale en 2019 », 20 février 2020.

Une crise de nerfs

C'est sans aucun doute celle qui a été à la fois la plus visible et la plus ignorée. La plus visible car autour de nous, nous avons tous vu des personnes disjoncter, s'isoler ou s'enfermer. On a parlé du mal-être ressenti par les personnages âgées en Ehpad, de l'horreur de cette réclusion forcée. Les images, les récits serraient le cœur. Seulement voilà, le désarroi des étudiants, lui, a longtemps été tu. Il a fallu attendre l'automne pour qu'enfin on tende le micro à des psychiatres. Pour qu'enfin ces derniers soient écoutés quand ils disaient leur inquiétude face aux dépressions qui frappaient les jeunes. Officiellement nous avons attendu le 18 novembre, à 18 heures, pour qu'Olivier

Véran, ministre de la Santé, alerte sur l'état de santé mentale des Français et en particulier celui de la jeunesse.

Novembre. Alors que depuis de longs mois, le personnel de santé alertait, prêchant dans le désert médiatique et gouvernemental. Durant le premier confinement, la Nightline, qui est un service d'écoute géré par et pour des étudiants, s'est retrouvé si saturé que certains étudiants demandaient juste un SMS. Juste un peu de compagnie technologique. Si les chiffres officiels manquent, plusieurs échos ont déjà été relayés et des enquêtes sont en cours. Le professeur de psychiatrie Nicolas Franck[1] explique ainsi la nécessité d'un niveau de vigilance élevé à établir auprès des 16-29 ans. Selon lui, il s'agit de « la catégorie pour qui le score de bien-être a le plus nettement baissé pendant le confinement. Leur confiance en eux et le sentiment d'utilité ont été fragilisés ». Les premières enquêtes que l'on peut consulter, et qui ne sont que préliminaires pour

1. France 3 Auvergne-Rhône-Alpes, « Covid-19 : Le confinement dégrade lentement la santé mentale des Français, selon le psychiatre lyonnais Nicolas Franck », 17 novembre 2020.

l'instant, mettent au jour les effets de la crise dans la crise. Prenons l'enquête « Confins[1] ». Ses chiffres préliminaires montrent que si l'on se concentre sur la santé psychique, « les étudiants ont systématiquement des scores plus inquiétants que les non-étudiants[2] ». Chez les étudiants, les chiffres atteignent presque le double des non-étudiants.

L'enquête est tout aussi déprimante que la réalité. Les jeunes se déclarent « tristes, déprimés ou désespérés », « sans énergie », « se voient comme des perdants » et confessent être « en permanence inquiets et de façon excessive ». Ceux qui, l'année dernière, avaient vécu des grèves intenses au moment des examens se sentaient à nouveau pris de crises d'angoisses à l'heure des partiels ; ceux qui sont retournés chez leurs parents ont vécu un étouffement lié à une perte d'autonomie brutale. Un certain nombre d'entre eux ont dû aussi se confiner dans un environnement familial inquiétant,

1. Confins, *La santé mentale des étudiants mise à mal par le confinement*, 16 septembre 2020.

2. Léa Iribarnegaray, « Solitude, anxiété, retard d'accès aux soins... Inquiétudes sur la santé des jeunes », *Le Monde* Campus, 13 juin 2020.

avec des tensions, des cris, parfois même des coups. Pendant cette période d'ailleurs, les appels aux plateformes d'urgence téléphoniques pour dénoncer des agissements interfamiliaux anormaux ont explosé. Pour preuve que le sujet importe peu dans les hautes sphères, dans son discours du 24 novembre 2020, le président de la République ne s'attarde que quelques secondes sur le désastre psychologique qu'ont pu causer les deux confinements. « Je demande au gouvernement de préparer une stratégie, pour prendre en compte les conséquences psychologiques de la pandémie et des différents confinements. Je sais combien en particulier les personnes âgées à domicile et en maison de retraite ont souffert et souffrent de leur isolement. » Pas un traître mot sur les jeunes alors même que depuis des semaines, des associatifs alertaient sur l'arrivée d'étudiants lors de la distribution de repas gratuits.

Les seules fois où sont abordées les détresses psychologique, financière et sociale des jeunes, c'est pour les comparer à celles des seniors. Souvenez-vous de ce discours de Brigitte Bourguignon, ministre déléguée chargée de l'Autonomie auprès du ministre des Solidarités et de la Santé, lors du point presse hebdomadaire d'Olivier Véran[1]. Paraphrasant la phrase prononcée par Emmanuel Macron quelques semaines plus tôt sur la « difficulté d'avoir 20 ans en 2020 », elle avait jugé bon d'ajouter aussitôt : « Le Président a dit qu'il était dur d'avoir 20 ans en 2020, mais il est aussi dur d'avoir quatre fois 20 ans en 2020. »

J'aimerais savoir pourquoi ces personnes se permettent d'établir une hiérarchie de la douleur de l'isolement, et ce en fonction de l'âge ? En quoi serait-ce pertinent ? Chaque considération pour les jeunes est immédiatement compensée par une petite pensée pour les personnes âgées. C'est curieux. Je n'ai jamais vu l'inverse.

D'ailleurs j'ai été marqué par la multiplication des suicides frappant la jeunesse depuis le début de cette crise. Malheureusement, ils font rarement la une des journaux. Nous savons qu'en octobre un étudiant de médecine

1. Conférence de presse du gouvernement du 19 novembre 2020.

de Nancy a décidé de mettre fin à ses jours. Deux étudiants en novembre ont quitté ce monde à Nice et à Montpellier. La transparence manque d'ailleurs sur ces drames. Ces données ont toujours été difficiles à obtenir. Imaginez que les derniers chiffres officiels sur le suicide des étudiants datent de 2016. Et pour les tentatives de suicide, les chiffres se compliquent encore davantage, parce que ne sont prises en considération que les tentatives qui débouchent sur une hospitalisation. C'est un chiffre peu représentatif de la réalité, quand on sait que les séjours à l'hôpital ne concernent que 40 % de ceux qui tentent de mettre fin à leurs jours[1].

Antonin, un ami qui a changé d'université pour valider le master de son choix du côté de Lyon, a ouvert sa boîte mail un dimanche matin de janvier pour y découvrir l'annonce du suicide d'un de ses amis de promotion. Les propos étaient froids, lucides et glaçants. « Hier, dans un acte de désespoir, un étudiant de la faculté de droit de notre université a tenté de

1. Luc Leroux, Laurie Moniez, Zineb Dryef, « La crise sanitaire pèse sur la santé mentale des étudiants », *Le Monde*, 28 décembre 2020.

mettre fin à ses jours en se défenestrant de sa résidence universitaire. Il est actuellement hospitalisé dans un état très préoccupant. [...] Cette nouvelle est un choc et elle nous bouleverse tous. [...] La fermeture des universités, les cours à distance, l'arrêt des activités sportives, culturelles et festives ont favorisé l'isolement et la détresse psychologique. La situation économique a précipité les plus fragiles dans la précarité. Un drame humain se joue que nous ne pouvons pas occulter. » Dans les colonnes du *Parisien*, le chef de l'État confiait qu'il veillait aux étudiants en gardant un œil vigilant sur le taux de suicides... Je ne suis pas sûr que l'attente d'un amoncellement de morts par défenestration, pendaison ou abus de médicaments soit à la hauteur de ce que vit la jeunesse en détresse... Une étudiante de Sciences Po a bien tenté d'interpeller directement le président de la République. Le sujet de la détresse étudiante s'est même glissé de longues heures au cœur de l'actualité, seulement la réponse par lettre du président de la République était d'une déconnexion invraisemblable. Si le début de la lettre trouve les mots apaisants et réconfortants, les autres paragraphes ne sont que de longues envolées lyriques vantant l'action irréprochable du gouvernement. Trois jours après, le 18 janvier, lorsque le Premier ministre est l'invité de l'émission « C à vous », une question est posée sur les étudiants « temporairement sacrifiés » ; sa réponse est un modèle d'approximation, affirmant qu'il ne faut pas utiliser le terme sacrifié.

Quel terme faut-il utiliser alors, Monsieur le Premier ministre ?

Le journal *La Voix du Nord* a réalisé un sondage auprès de la plus grande université de France, celle de Lille, qui abrite sous les toits de son savoir pas moins de 73 000 étudiants. Ce qu'on lit devrait inquiéter les plus optimistes : « La moitié des étudiants disent souffrir d'anxiété accrue voire massive, et 30 % à 40 % parlent de détresse[1]. » Un chiffre qui a été confirmé par la ministre invisible Frédérique Vidal, le 9 décembre, en réunion. Une boîte mail a même été mise en place. Qui croule sous les messages. Cent par jour. Sept cents par semaine. Les messages reçus ne viennent pas d'étudiants qui

1. Laurent Decotte, « Covid-19 : face à la détresse étudiante, l'Université de Lille tire la sonnette d'alarme », *La Voix du Nord*, 11 décembre 2020.

traversent une mauvaise passe et qui décident d'obtenir des renseignements pour se sortir de leur situation dans un moment d'égarement. Nous sommes loin de ça. Les messages sont courts et effrayants : « Je suis au bord du suicide. Aidez-moi. »

Ces chiffres sont confirmés par les professionnels de santé. Les psychiatres alertent sur la difficile année écoulée, mais préviennent avec insistance que l'année qui vient devrait être pire encore. Plutôt que de résoudre le problème de fond, on préfère se vanter de la mise en place de « chèques psychologiques » et le remboursement des séances de psy… « C'est pas des psys qu'on veut, c'est des cours d'amphi », voilà le message qui fleurit chez les jeunes !

Et même si le gouvernement s'engage à doubler le nombre de psychologues à l'université, nous n'aurions encore qu'un professionnel pour 15 000 étudiants, contre un pour 1 500 aux États-Unis.

Pourtant, on le sait que les crises provoquent des drames. Les crises économiques d'ampleur, que ce soit celle de 1929 ou 2008, sont toujours suivies de vagues de suicides. Raymond Aron avait raison : « L'Histoire est tragique. »

Une crise pour les gâteux

Je crois que c'était comique avant d'être désespérant. Il fallait les observer quand même. Ces grands noms de la médecine, de la science, de la politique, s'exprimer dogmatiquement, balayer d'un revers de main chaque opposition qui pouvait leur être faite, chaque mise au jour des points morts de leur raisonnement. Sans que jamais ça les empêche d'ailleurs de se dédire quelques semaines plus tard, et d'affirmer, avec la même morgue, la même autorité, l'exact inverse de ce qu'ils avançaient jusque-là.

Souvenez-vous, dans leurs grands costumes tristes, scintillant de leurs cheveux blancs, ils assenaient des vérités. Ils rassuraient parfois.

Ils parlaient beaucoup. Ils s'indignaient de temps en temps. Ils n'écoutaient jamais. Ils avaient l'expérience pour comprendre et savoir ce qu'il fallait faire, nous disait-on. Je me suis même demandé avec le temps si avant de plaider pour l'intérêt général, ils ne prêchaient pas par dessus tout pour leur paroisse.

« Ils », c'est la génération de vieux que l'on doit appeler senior, afin d'adoucir la vérité inéluctable : leur vie est davantage derrière eux que devant eux. Avec cette merveilleuse contraction de « sénilité qui s'ignore », nous posons un mot sur cette caste qui, depuis le début de l'épidémie, gère et décide pour ce pays. « Ils » sont soixante-huitards. Ils ont connu l'apogée. Ils ont connu une France apaisée. Du moins plus que maintenant. Une France libre. Une France respectueuse de ses principes. Ils ont voyagé, ils ont pollué, ils ont ruiné l'économie, ils ont endetté le pays, mais ils voudraient nous faire croire qu'ils seraient là pour le redresser. Ils ont profité, ils ont vécu, ils ont joui. Ils ont interdit d'interdire, mais ne peuvent s'empêcher désormais de supprimer. Ils étaient les jeunes insolents de l'époque pour mieux devenir les vieux cons d'aujourd'hui. Ils se sont battus pour des idéaux avant de mieux les réfuter. Alors qu'ils étaient les cerveaux et la pensée moderne d'hier, ils se sont transformés en gardiens du temple de la pensée unique. Ils sont intellectuels, médecins, philosophes, scientifiques, voire tout à la fois, et ils envahissent les plateaux, prennent d'assaut les micros et professent un ordre sanitaire indiscutable. La contradiction n'est pas de mise.

Il fallait écouter d'abord pour acquiescer ensuite. « Confiner tout le monde, ne pensez-vous pas qu'il existe d'autres solutions moins sévères ? – Non c'est la seule solution » ; « Il faut fermer les restaurants ! – Et les restaurateurs ? – Il faut faire un effort » ; « Mais l'économie ? – C'est rattrapable, pensez à la santé » ; « Il y a des gens qui ne peuvent pas ne pas sortir ! – Vous ne voulez pas saturer les services de réanimation quand même ? » ; « Et les atteintes aux libertés ? – Ça n'existe pas. La liberté, c'est celle de ne pas contaminer autrui. » Il suffit. Les médecins ont parlé. Nous revivions *Knock* sans le savoir. À chaque tentative – infructueuse – d'opposer à leur savoir notre pragmatisme, les médecins sortaient la carte des chiffres de réanimation en hausse. Et chaque fois, je pensais à *Knock* de Jules Romains et à cette scène où le médecin affirme : « Vous me donnez un canton peuplé d'individus neutres, indéterminés. Mon rôle c'est de les déterminer, de les emmener à l'existence médicale. [...] Rien ne m'agace plus que cet être ni chair, ni poisson que vous appelez homme bien portant. » Et lorsque dans le dialogue qui occupe la scène un peu plus tard, le cas d'un homme résistant est évoqué, le médecin l'affirme : « Il est au lit. Ses vantardises commençaient à affaiblir l'esprit médical de la population. »

D'ailleurs nous étions largement en droit de nous interroger sur les décisions prises puisque, dans la même journée, les médecins s'affrontaient sur les orientations à adopter. J'ai parfois été frappé par ce qui m'est apparu comme un manque d'humanité de la part des médecins souvent associé à une parfaite déconnexion du monde réel. Lorsque Gilles Pialoux, chef de service des maladies infectieuses et tropicales de l'hôpital Tenon, dit dans Bourdin Direct face à Apolline de Malherbe : « Il faut laisser de côté l'économie, c'est rattrapable, la réanimation loupée, ce n'est pas rattrapable[1] », va-t-on demander

1. RMC/BFMTV, 27 octobre 2020.

à Gilles Pialoux de rendre des comptes sur l'explosion du chômage ? Est-ce le professeur Gilles Pialoux qui va jouer un rôle décisif pour endiguer le seuil des 10 millions de pauvres en France ? Les victimes de la précarité engendrée par la crise sanitaire vont-elles déranger M. Pialoux et lui demander des comptes ? Non. Non, évidemment, les médecins ne sont pas là pour endosser ces responsabilités, ils sont là pour orienter le débat, pour donner un avis.

Et je n'y vois là aucune espèce de problème, seulement, je m'interroge sur la capacité de donner crédit à des options radicales qui n'impacteront en aucun cas les vies de ceux qui les promeuvent. Si l'économie est rattrapable, combien de vies ont déjà été détruites par les conséquences indirectes du premier confinement ? Plus d'un million de pauvres. Et combien d'autres à venir ? Combien de dépressions ? Combien de désarroi ? Combien de vies, à l'heure où je pose ces mots, sont encore en train de se dégrader ? Combien d'esprits pourtant tout à fait solides sont traversés par de noires idées, que les limitations de sortie n'aident certainement pas à évacuer ? L'humain ne devrait pas être réduit à son corps physique et encore moins médical. M. Pialoux illustre par son occupation du champ médiatique la vague d'avis issus de la même génération. C'est-à-dire celle qui n'a pas subi les conséquences de la crise de 2008 et qui ne compte pas subir celles à venir. De toute façon il fallait les préserver. Il faut toujours les préserver. Soyons lucides et essayons d'être honnêtes intellectuellement. La plupart des jeunes n'ont plus de vie et se préparent à ne plus avoir d'avenir. Dans *Le Courrier de l'ouest*, au mois de décembre, la guerre des générations fait la une[1]. Théo résume les choses ainsi : « J'ai perdu mon job étudiant, je n'ai plus de vie sociale, j'ai des semblants de cours en ligne, mes stages sont annulés les uns après les autres et je me retrouve à aller aux Restos du cœur. » Elle n'est pas belle, la jeunesse française ?

À plusieurs moments durant cette pandémie, on a espéré que se tienne VRAIMENT le débat sur la possibilité de confiner les plus de 60 ans ou les plus de 75 ans. Ces tranches d'âge représentent respectivement 17 millions et 6 millions de personnes. Un quart de la population.

1. « Covid-19 : ces jeunes qui en veulent aux seniors », *Le Courrier de l'ouest*, 17 décembre 2020.

Force est de constater que ce débat a été boycotté. Il était impensable, et certains ont tenu à poser le mot « amoral » sur l'idée même de l'envisager. Mais depuis quand la morale doit intervenir dans les débats de société ? Chacun la sienne et chacun devrait saisir que la morale est privée.

Dans la presse locale, Serge Guérin, sociologue spécialiste du vieillissement, s'interroge sur le fait de savoir s'il serait « acceptable d'avoir des jeunes en terrasse profitant de la vie pendant que des parents ou des grands-parents sont confinés chez eux[1] ». Ce genre de question écrite à la plume plongée dans la moraline et le conformisme ambiant a le don de m'irriter. Personne ne demande que les personnes fragiles soient séquestrées, emprisonnées contre leur gré. Mais qu'elles suivent une recommandation délivrée pour leur santé. C'est un débat, donc, que nous n'avons pas pu avoir. La décision a été prise au sommet de l'État. Cette option a été ignorée, un débat national sur la question écarté tant il semblait blasphématoire.

---

1. *La Dépêche*, « "Merci Boomer !" : quand la "génération Covid" en veut aux seniors », 20 décembre 2020.

Par conséquent, nous avons préféré confiner 67 millions de personnes, comme ça, nous avons pu nous vanter d'avoir respecté le formidable principe d'« égalité » si cher à notre devise nationale. Pourtant, les terrasses de cafés ou de bars bondés... n'auraient jamais été prises d'assaut par les plus de 60 ans... Ne nous illusionnons pas, les moments d'ivresse et de fête se jouent rarement après 70 ans.

Pour autant, je suis bien conscient que les personnes en fin de vie sont maltraitées en France. Voyez comment on a empêché les enfants de voir leurs parents. Voyez les visites interdites, voyez l'agression qu'est l'état de toutes ces femmes et de tous ces hommes dont personne, à part leurs proches, ne semblait se préoccuper. Seulement, ces indignations et ces plaintes, elles ont été entendues. Heureusement. Mais ne jouons pas les partitions de la fausse compassion en affirmant que les confinements ont été pour cette génération la pire des choses. La vie de retraité est déjà une vie de confiné. Même si chez les personnes âgées, il y en a beaucoup qui bougent, qui pratiquent des activités sportives et collectives. La vie est confortable. Elle se déroule souvent dans une maison dont le crédit a été payé par des années de travail et dans une période où l'immobilier était accessible et la conjoncture économique favorable aux affaires et au confort économique. Les plus aisés s'exilent dans des villes en bord de mer, transformant des pans de France en marché immobilier réservés aux plus riches. Cette retraite se poursuit à l'abri des tumultes du monde. C'est un monde apaisé où le temps se transforme en une cible dans laquelle on enfonce les reproches que l'on attribue à l'époque, aux jeunes, aux politiques, bref, à tout ce qui est la conséquence de ses années de vote.

D'ailleurs, des villes sont faites sur mesure pour les populations vieillissantes. Il suffit de se balader à Nice ou aux Sables-d'Olonne. Ce sont des villes faites par les vieux, pour les vieux, avec les vieux. Juste pour l'anecdote, quelques mois après que mes parents y ont déménagé pour des motifs professionnels, j'ai demandé à la mairie un local pour que, avec des amis, nous puissions monter une radio. La réponse, je m'en souviendrai à jamais. « J'aurais bien voulu faire quelque chose pour vous, les jeunes, mais le club de tricot s'est déjà positionné et il alterne toute la semaine avec le club de bridge. » Que de dossiers brûlants il se joue à la mairie des Sables-d'Olonne. C'est anecdotique et presque sans intérêt, mais c'est révélateur d'une mentalité qui est loin d'être minoritaire dans ce pays. Et qu'on ne vienne pas jouer la carte des « villes étudiantes » qui sont un paradis doré pour la jeunesse qui souhaite se vautrer dans l'alcool et les soirées. De plus en plus de bars ferment parce que les habitants se plaignent du bruit en dessous de chez eux ou des sorties bruyantes des boîtes de nuit. Du coup, certaines municipalités sont obligées d'instaurer des couvre-feux – sans motif de Covid ! – qui ne portent pas leurs noms, contraignant les bars à éteindre la musique ou à baisser le son. Parenthèse fermée. Le plus ironique dans cette guerre de générations qui a été provoquée davantage par les plus anciens que par les plus jeunes, c'est que les efforts ne semblent aller que dans un sens. Pour quoi avons-nous confiné ? Pour qui avons-nous stoppé le pays ? Pour qui sommes-nous dans cette situation ? Pour sauver cette génération des plus de 60 ans.

Il est décidément temps que la France porte sur sa jeunesse les yeux de Chimène…

Le pouvoir vieux

La réalité est cruelle. Paris n'est plus une fête. La France n'est plus une fête et la jeunesse n'est que tristesse. Osons le dire pendant que la recherche du bonheur est encore autorisée dans ce pays, nous avons tué la joie de vivre. Celle de tout un chacun, et la nôtre, surtout. Certains ont fait des fêtes ? Certains se sont réunis dans des appartements ? Sont allés se glisser dans le lit d'un amant ou d'une amante ? Eh bien, ils ont raison. Mes coreligionnaires générationnels sont dans une telle résignation que nous allons nous satisfaire de ces actes de résistance, fussent-ils bien sages. Le silence et la résignation de ma génération sont tels que ces navrants actes de boycott me semblent presque chevaleresques. Surtout qu'aucun d'entre nous ne méritait l'opprobre dont on nous a accablés. Nous ne sommes pas irresponsables. Après un dîner, une fête, où l'on croisait deux, trois amis, nous ne courions pas embrasser nos grands-parents. Alors oui, je le confesse, nous le confessons, nous avons eu envie de nous voir, de nous croiser, de nous toucher. Certains d'entre nous ont organisé des soirées – oh ! pas à 500 ! Loin de là. D'autres encore ont voulu retrouver le bonheur simple de croquer dans un burger entre potes.

On nous a tellement rabâché que c'était mal, que nous en avions pleinement conscience. Mais mince ! Avez-vous oublié ce qu'étaient vos 20 ans ? Les avez-vous passés confiné avec vos parents ? Sans possibilité de sortir ? Pas même pour aller en cours ? Faites preuve d'un peu d'indulgence à notre égard avant que de sortir le marteau-pilon de la désapprobation vieillissante. De mon côté, je fantasmais cette année comme étant la dernière en tant qu'étudiant et je la rêvais comme surchargée de nuits blanches, de repas gras, de fous rires incontrôlables et de voyages bourrés de rassemblements amicaux. Seulement, l'épidémie a frappé et à l'heure actuelle, je suis en train d'écrire mon premier livre. Néanmoins, pouvons-nous revendiquer le droit de ne pas vivre une époque heureuse sans être traités de tous les noms ?

On a passé beaucoup trop de temps à écouter des gens nous reprocher d'essayer d'être heureux. Mais enfin, foutez-nous la paix. Personne n'a demandé votre présence dans les bars ou dans les boîtes de nuit. De toute façon, nous l'avons tous compris, nous les jeunes, le divertissement, c'est bien, mais uniquement quand il vous est destiné… Il suffit de regarder la télévision un soir de semaine pour se rendre compte que Netflix, Youtube et Twitch sont d'utilité publique. Non mais sans rire ? Qui sont ces gens à la vie ennuyeuse ou regrettant une jeunesse disparue qui souhaitent désormais nous imposer un mode de vie digne des pires maisons de retraite ? Personne ne juge leurs habitudes de vie, alors pourquoi se permettent-ils de juger les nôtres ? Je le dis sans mépris ni dédain, mais quand on a derrière soi les plus belles années de sa vie, je conçois aisément qu'il est facile de recommander aux autres de s'en passer.

Cette logorrhée bien-pensante mise en avant lors des confinements n'est qu'une preuve supplémentaire de ce que la France est devenue : un pays de vieux. Un paradis de vieillards tenus par eux. C'est aussi simple que ça. Il suffit de regarder les débats et d'écouter les commentaires de nos ayatollahs de la sécurité sanitaire. Pendant des mois, aucun jeune n'a pu avoir de relations amoureuses et beaucoup ont trouvé du réconfort dans l'application Tinder, même ceux qui au départ étaient les plus réticents à l'utiliser. Qu'est-ce qu'on n'a pas entendu venant des soixante-huitards ? Qu'user de Tinder, c'était se vautrer dans l'amour débridé, l'amour dévoyé, l'amour vendu aux GAFAM, que c'était du sexe vulgaire à portée d'écran. Bien que tout progrès interroge, je doute que toutes les relations des années 70 et 80 étaient uniquement platoniques. Beaucoup d'envahisseurs des plateaux télé modernes, aujourd'hui TOUS défenseurs d'une approche monastique du sexe, ont-ils oublié leurs écarts ? De véritables écarts en ce qui les concerne. Des fautes. Souvenez-vous, il y a trente ans à peine, les mêmes nous expliquaient tout sourire comme il était plaisant de se faire déshabiller par des petites filles ! D'autres se plaisaient à siroter des cocktails en compagnie d'écrivains accusés de pédophilie...

Tous ceux-là sont désormais devenus des parangons de vertu. Tous s'offusquent de nos sorties et de nos fêtes, pourtant bien chastes au regard des leurs.

Il fallait les entendre se réjouir de l'interdiction des bars et des discothèques. L'appeler de leurs vœux. Ceux-là mêmes qui, lors de leurs belles années, faisaient des soirées bourgeoises sous LSD dans les résidences de l'intelligentsia parisienne.

Bien entendu, ils ont aussi préempté la culture. À les entendre, les jeunes ne liraient plus, ne s'intéresseraient plus à rien. Qu'en savent-ils ? D'accord, la lecture recule chez les jeunes, mais quand nous lisons, c'est pour le plaisir. N'est-ce pas là l'essentiel ? Quant aux réflexions qui visent le niveau intellectuel de ce que lisent les jeunes, en dehors du fait que lire Proust à 22 ans relève d'une pénible prouesse, il faudrait peut-être s'interroger sur ce qui nous a détournés des grands textes.

Lorsque des personnes talentueuses font vivre et relatent ces mêmes textes essentiels, elles sont adulées par ma génération. Les Luchini, les Baer, les Gallienne sont de véritables rock stars... Quand on nous parle de la culture de façon intelligente, sans être méprisant, cette dernière passionne. Dans mon entourage, je suis certes le seul boulimique de lecture, mais pour autant TOUS lisent. Quand je me suis indigné de la fermeture des librairies, beaucoup de mes amis m'ont rejoint dans ce combat. Certains souhaitaient acheter le dernier manga, le dernier comics, la dernière correspondance... Eh oui, des correspondances de grands auteurs ! Et même des œuvres de grands auteurs. Mes amis, comme beaucoup de jeunes, sont capables de dévorer Victor Hugo juste avant de jouer à la nouvelle PS5. Tout ça n'est pas incompatible. Mais même ça, ça nous a été reproché.

Oui, car nous n'achetions pas ces consoles au bon endroit ! Souvenez-vous, lors du deuxième confinement, l'État a décidé de choisir ce qui relevait de l'essentiel et ce qui ne l'était pas. Les énarques ont fermé les librairies et autres petits commerces, et comme ces têtes bien faites ne reconnaissent jamais leur faute, elles en ont profité pour fermer tout ce qui dans de grandes enseignes permettait de trouver les objets vendus dans les centres-villes. Alors, pour avoir accès à la nouvelle génération de consoles, beaucoup se sont précipités sur Amazon, s'assurant ainsi une livraison dans les temps. En plus de ce mouvement d'achats compulsifs, d'autres se préparaient au Black Friday, mais voilà qu'il manquait une – énième ! – levée de boucliers générale de nos parangons de vertu contre Amazon et ses utilisateurs. Selon ces contempteurs de l'achat en ligne, et donc de ceux qui consomment sur Amazon, il était évident que nous, les jeunes, nous ne soutenions pas les producteurs et les commerçants français ! Au mépris de classe et générationnel s'ajoute une méconnaissance totale de l'économie : comme si la France, vu l'état dans lequel elle est aujourd'hui, pouvait se permettre de refuser des emplois garantis par ces géants, fussent-ils américains.

Il est quand même tout à fait fascinant que ces énarques n'aient pas pensé un seul instant qu'en fermant les rayons des grandes surfaces ils allaient organiser la ruée sur la vente en ligne ! Leurs décisions n'ont de toute manière aucun sens. C'est parce qu'ils font la faute originelle de fermer les petits commerces que, au nom d'un égalitarisme quasi totalitaire, ils décident de fermer les rayons non essentiels (que ces mots sont ridicules !) des grandes surfaces. C'est ainsi, par l'intervention divine de l'administration devenue folle, qu'entre le rayon de vêtements jusqu'à 3 ans et celui des fruits et légumes, vous pouviez croiser un préfet et quelques gendarmes s'assurant que le virus ne s'infiltrait pas dans votre chariot par l'achat discret d'un livre ou d'une trousse de maquillage. La population a donc découvert stupéfaite des rayons cadenassés, enveloppés dans de grandes feuilles de plastique. Nous étions invités – autorisés serait plus juste ! – à naviguer entre les rayons en suivant bien sagement les flèches rouges, après avoir dûment rempli notre attestation. N'étant plus à un paradoxe près dans cette folie administrative et liberticide, les élus qui se scandalisaient du terme « essentiel » et « non essentiel » se sont alarmés des offres qui pouvaient être faites lors du Black Friday, estimant que ces achats n'étaient pas « nécessaires ». Il faut noter l'extrême intelligence de ces sachants qui ont su nous faire passer de l'essentiel au nécessaire. Que de progrès décidément au XXIe siècle ! Retour au Moyen Âge !

Notons que l'obtention de la fermeture des rayons inessentiels des grandes surfaces fut obtenue par des élus de La France insoumise pas peu fiers de leur fait d'armes ! Ces gens sont-ils déconnectés au point d'oublier que les principaux consommateurs du Black Friday sont ceux qui comptent chaque euro et finissent chaque fin de mois dans le rouge ? Tous mes amis, en voyant ce genre de réflexions, ont eu la même remarque : « Ce ne sont quand même pas des gens nourris, logés, blanchis et gagnant 5 000 euros par mois aux frais du contribuable qui vont nous faire des leçons de vertu, si ? Et nous mépriser parce que nous nous livrerions à des achats compulsifs ? » Vous trouverez peut-être ce discours démagogique, je le trouve seulement juste. Méfions-nous des moralisateurs politiques voulant inscrire dans le marbre ce qui est inutile, essentiel, voire artificiel. On rigolerait certainement si l'on avait les capacités de vérifier les chariots de ces tartuffes au grand cœur qui s'appliquent rarement, pour ne pas dire jamais, les principes qu'ils passent leur temps à infliger aux autres.

Non, définitivement nous ne vivons pas dans le même monde que ces gens. Si nous, la jeune garde, réclamons simplement le droit de vivre normalement, eux ne souhaitent qu'une chose : finir leurs vies égoïstement. Pendant cette crise, ils ont eu le permis de décider. Le permis d'influencer. Le permis d'exister. Ils étaient partout. La fin de cette crise n'est pas encore là que je vois sur tous les écrans des chaînes de télévision l'arrivée du vaccin. Là encore, le débat est à sens unique. Ce sont les personnes âgées qui ont, une fois encore !, ce privilège. Une fois encore, un détail doit m'échapper : en quoi est-ce une priorité de vacciner des personnes dont le mode de vie hors pandémie est déjà au confinement ?

Si c'est désormais une évidence je rappelle que pour le ministre de la Santé, les soignants n'étaient pas un public prioritaire. Il a fallu des tribunes et des alertes de médecins médiatiques pour que le cap de la priorité soit revu. Sauf erreur de ma part, ce virus se transmet par le contact, par le mouvement, par les rencontres, par l'imprudence de gestes familiers. Alors pourquoi ne pas vacciner ceux qui le transportent massivement plutôt que vacciner en priorité ceux qui le subissent gravement ? Ils sont identifiés. Ce sont les travailleurs, les actifs, les soignants. Ceux qui bougent. Ceux qui prennent les transports en commun. Ceux qui sont dans les services publics. Aux États-Unis, la priorité a même été donnée aux plus précaires pour qu'ils évitent de rester sur le bord de la route plus longtemps que les autres : les livreurs, les salariés des usines, les ouvriers des grandes entreprises. Pourquoi, en France, n'avons-nous pas pu faire ce choix ?

Il faut croire que nos élites sont tellement éloignées des préoccupations de notre jeunesse précarisée que jamais elles ne se sont même posé ces questions.

Les tristes sires du monde d'après

Et s'il n'y avait que les vieux ! Au milieu de la cacophonie ambiante, certains ont même trouvé le temps de ramener dans le débat le rêve d'un monde d'après. Mais rien que le concept du monde d'après est symptomatique du monde d'avant. Toute personne sensée devrait se douter que, au milieu d'une telle pandémie, les promesses d'un monde d'après sont souvent les garanties d'un monde qui ressemble à celui d'avant… en pire. Chacun a joué sa partition comme si c'était la première fois. Les écolos de l'ancien monde se sont aperçus que l'hélicoptère polluait à partir du moment où il ne leur était plus utile pour tourner leurs émissions aux quatre coins du monde. Sur le même plan, ils exigeaient la fin de la viande, de l'avion et de la fourrure. On n'assistait plus à des recommandations, mais à des prières venant des apôtres écologistes, les mêmes qui sont contre le nucléaire, qui militent pour la fermeture de Fessenheim, mais qui ne trouvent rien à redire quand dans la discrétion d'une mi-temps de confinement, la France rouvre ses centrales à charbon. Ces mêmes qui affichent un sourire niais et innocent quand on les confronte aux risques de coupures d'électricité cet hiver à cause du manque d'énergie... Oyez ! Oyez ! la populace. Bienvenue au Moyen Âge. Longtemps, avec des amis, nous avons hésité à lancer une pétition pour que les écologistes à la réflexion de courte durée mettent la même énergie qu'ils gaspillent à la fausse défense de la nature dans la mission de couper du bois pour alimenter les cheminées des Français victimes de précarité énergétique.

Comme il ne faut pas perdre une occasion de se taire, même les célébrités, notamment celles du cinéma, se sont réunies pour signer des tribunes s'engageant pour le monde d'après... Une myriade d'acteurs tous plus charismatiques, talentueux, engagés, courageux, tant ils se montrent prêts à subir les affronts de l'opinion publique pour défendre leurs idées si novatrices. Des stars faites du bois de ceux qui se mouillent médiatiquement. Des héros n'hésitant pas un instant à se risquer dans des manifestations essentielles, à signer des tribunes majeures. C'est simple, chacune de leurs interviews est un petit pas pour nous, les gueux qui les suivons benoîtement, mais un pas immense pour la Cause du camp du Bien.

Ces néosachants sont absolument atroces. Rappelez-vous cette tribune fabuleuse du *Monde*[1], en plein confinement, emplie de bonnes intentions et de morale dégoulinante, signée par tous les mondains en vogue, encourageant le petit peuple à jouer le jeu de « la transformation radicale » et à stopper tout « consumérisme ». Que c'est plaisant d'entendre la petite musique moralisatrice de ces vertueux si confortablement installés dans

1. Collectif, « "Non à un retour à la normale" : de Robert De Niro à Juliette Binoche, l'appel de 200 artistes et scientifiques », *Le Monde*, 6 mai 2020.

cette société qu'ils ont contribué à abîmer, cette petite musique nous enjoignant de nous serrer toujours plus la ceinture, quand ils se repaissent des biens dont ils voudraient nous priver. Même si vous n'êtes pas totalement d'accord, reconnaissez qu'il est toujours délicieux (c'est un mot que j'utilise afin d'éviter la répétition de triste et pathétique) d'observer les égéries des grandes marques donner des conseils sociétaux, économiques et même moraux.

Est-il normal que, pour dessiner le monde d'après, on ouvre tribunes et micros à ces personnalités capables de tenir des propos complotistes sur Bill Gates et la 5G ? Reconnaissons-leur une certaine constance, tant certains d'entre eux n'ont pas hésité, après avoir esquissé le monde d'après… à soutenir ce qu'il y avait de pire dans celui d'avant : le documentaire *Hold-Up*, devenu viral en quelques heures et dont les intervenants sont tous référencés par le site Conspiracy Watch. Comme quoi, il n'y a pas que les belles influenceuses dont sont fans les jeunes qui diffusent des thèses borderlines… De surcroît, qui s'est déjà égaré dans la pensée de Raymond Aron a retenu ce que recherche par-dessus tout l'intelligentsia : se revendiquer du modernisme esthétique. Il est d'ailleurs amusant de constater que c'est à courir derrière ce qu'ils pensent être le non-conformisme moral que ces pseudo-révoltés... s'y vautrent.

Nous voilà, nous, pauvres mortels, propulsés au cœur de l'introspection des grands de ce monde et c'est beau. C'est comme de lire une actrice célèbre évoquer « le consumérisme qui nous a conduits à nier la vie en elle-même : celle des végétaux, celle des animaux, celle d'un grand nombre d'humains », et comment ne pas être d'accord avec ce principe ? Moi aussi, j'aurais pu rejoindre durant le confinement une vaste demeure au cap Ferret, je suis certain que j'aurais adoré être ébloui par les merveilleuses petites bêtes qui pullulent dans la nature.

Mais je pense que si je gagnais ma vie en faisant la promotion de bottines en fourrure vendues 2 000 euros, je serais « un peu » gêné de me draper dans la grande cause de la protection animale. Mais sans doute fais-je preuve de pudeurs de gazelle qui n'ont pas lieu d'être dans ces milieux...

Me serais-je égaré ? J'en conviens. Mais la moutarde me monte au nez quand je pense que ces doctes personnes sont des sources d'inspiration pour des milliers de jeunes. Pour tout vous dire, ça m'inquiète. Et puis, en termes d'engagement, j'ai toujours eu du mal avec l'indignation à géométrie variable. Elles s'affichent fièrement auprès des jeunes pour le climat, mais où sont-elles lorsqu'il s'agit de dénoncer les attentats ou d'en appeler à défendre Mila, cette jeune femme qui a critiqué l'islam de façon vulgaire et qui, depuis lors, est menacée de mort ?

Silence, on regarde ailleurs.

Sans doute que de s'investir pour des causes consensuelles ne risque pas de nuire à leur notoriété ou de les priver de juteux contrats. Qui pourrait leur en vouloir d'être du côté du Bien ?

Permettez-moi d'être nostalgique. S'il est un domaine où les vieux nous manquent, c'est celui du cinéma français. On avait des gueules, des voix, des personnages inouïs.

Où sont les Gabin, les Montand et les Ventura aujourd'hui ?

Ils nous manquent. Heureusement il nous reste Alain Delon.

Nos libertés menacées

Parmi les crises qui se sont manifestées en parallèle de la crise sanitaire, la plus effrayante et la plus dangereuse est sans aucun doute la crise de nos libertés. Toutes les libertés. Depuis un an, nous avons vu nos libertés, des plus futiles aux plus élémentaires, effacées de notre quotidien dans un silence assourdissant. On pourrait évoquer celle, évidente, d'aller et venir. Celle de se déplacer. Celle, plus subtile, de voir qui nous voulons. De fréquenter qui nous souhaitons. Ou encore de dire ce que nous désirions.

Oui, on a touché à la sacro-sainte liberté d'expression. Et avec elle, celle d'informer et de manifester. Si je mets une énergie si particulière dans ce chapitre, c'est pour alerter ma génération, afin qu'elle ne se résigne pas. Une génération engagée, une génération volontaire, mais une génération anesthésiée. Beaucoup sont conscients des restrictions qui nous sont imposées. D'autres sont conscients des mots à bannir si l'on veut éviter de se voir coller une étiquette. Au cœur de l'épidémie se sont affrontés deux camps. Ceux dont les paroles devaient transpirer l'intelligence tant on les écoutait bouche bée – et en fait non, ils n'étaient pas plus intelligents que les autres, mais ils disposaient du sésame alors indispensable : ils étaient médecins, réanimateurs, anesthésistes, généticiens. Et les autres, c'est-à-dire nous tous, qui étions collectivement inaudibles.

Les premiers parlaient de morts, de dangers, de masques, tandis que les autres, nous donc, de liberté.

Mais nous n'avions pas le droit de le faire. Le monde politico-médiatique venait d'instituer un droit à la parole. Les médecins pouvaient parler et les autres devaient se taire. Pas de « en même temps » cette fois-ci. À nouveau, il y avait d'un côté un camp du Bien qui était respectable et, de l'autre, le camp du Mal, qui osait s'interroger, mais qui avait forcément tort de le faire. Il ne fallait surtout pas remettre en question les décisions politiques, tout le monde trouvait formidable le principe de l'attestation, rares ont été, pendant le premier confinement du moins, ceux qui s'indignaient d'être contraints à fournir une autorisation de sortie pour aller faire des courses ou se rendre au collège.

Il n'était pas de bon ton non plus de s'interroger sur la facilité de convocation d'un état d'urgence. Il n'a semblé nécessaire à personne de souligner les travers d'un état d'exception. Très peu ont été saisis de vertige quant à ce que cela raconte de notre société d'accepter de vivre en permanence en état d'urgence, qu'il soit lié au danger terroriste ou dorénavant au risque sanitaire. Le gouvernement a décidé de dessaisir le Parlement de son pouvoir pour l'offrir à l'administration, seule, à l'en croire, capable de gérer la crise. Si ces régimes d'exception se multiplient dans une banalité effrayante, ne nous y trompons pas : la jeune génération, bien qu'elle soit silencieuse sur ces sujets-là, réalise la dangerosité de la situation. Et nous savons pertinemment qu'à la sortie de la crise sanitaire, nous retrouverons l'état d'urgence lié au terrorisme. Les mesures contraignantes imposées pour lutter contre le virus, nous les retrouverons pour lutter contre d'autres dangers, au nom du « risque zéro ».

Cette intolérance aux débats s'est cristallisée sur Nicolas Bedos à l'occasion de son texte sur les réseaux sociaux. Un texte court, sincère et honnête. Une ode à la vie d'avant. Une vie d'inconscience, d'insouciance. Une vie où l'on pouvait profiter, des autres et du reste, sans précautions particulières. Qu'est-ce que nous avons raté pour que ce genre de texte soit unanimement condamné ? Jusqu'au ministre de la Santé qui, en pleine commission, s'est fendu d'un commentaire appelant à « être attentif » à la diffusion de ce genre de messages. Mais de qui se moque-t-on ? Cette polémique, parce que, oui, tout est polémique, m'a désarçonné. Elle était tellement virulente, que prendre la défense de Nicolas Bedos devenait un acte d'« héroïsme ». Je devenais un « Jean Moulin » par intérim et sans grand risque, j'en conviens. Signifier que l'époque devenait irrespirable était désormais condamnable et la sanction se résumait à l'accusation de vouloir surcharger les lits de réanimation. Au cours de cette crise, on a mieux compris le fameux « on ne peut plus rien dire ».

En France, ce n'est pas que l'on ne peut plus rien dire. C'est presque pire. C'est que désormais, la liberté d'expression se cantonne à la capacité qu'a chacun de résister aux multiples pressions : les réseaux sociaux, les influenceurs, les associations et autres. Ensuite, cette unilatéralité de la pensée, comme sur beaucoup d'autres sujets la plupart du temps, a laissé prospérer le rêve autoritaire de l'État. Celui de tout contrôler, et c'est ce à quoi nous avons assisté. Du jour au lendemain dans notre beau pays, il y a eu des magasins d'État. Des magasins qui n'avaient aucune autre fonction que de nous faire acheter ce qui relevait de l'essentiel. Le gouvernement, qui n'a cessé de se vendre comme libéral, par le miracle de réunions de personnalités en costumes gris, venait de définir ce qui était essentiel pour la vie de chaque citoyen. Dans ce même élan de contrôle, l'État a également organisé nos vacances. Des vacances d'État donc. Nous étions libres de nous déplacer partout en France, tout en respectant les horaires du couvre-feu – il aurait été dommage de nous rendre notre liberté d'un coup ! –, mais... nous ne pouvions pas faire de ski. Enfin, nous pouvions, mais il ne fallait pas avoir une furieuse envie de dévaler les pistes noires, car les remontées mécaniques étaient à l'arrêt... Avec le recul, on en rit. Sauf qu'il n'y a pas de quoi. Alors, certes, il est désespérant de voir le Premier ministre s'abaisser à nous expliquer en quoi les remontées mécaniques sont des sources de contamination. Mais le pire n'est pas là. Car, derrière ces interdictions absurdes, se dissimule une administration folle, irresponsable des désastres qu'elle cause.

Nous le découvrons à nouveau avec le fiasco de la logistique des vaccins. L'administration déploie une énergie surréaliste à courir derrière l'égalitarisme meurtrier. Les crises révèlent nos petitesses. Nous constatons collectivement qu'il est plus facile d'interdire bêtement que de permettre intelligemment. L'État prodigieux s'est dévoyé à organiser nos moindres faits et gestes. Très rapidement, cette bataille ne s'est plus tournée contre le virus mais contre nos libertés. Si l'on avait un doute sur cette volonté permanente de porter atteinte à nos libertés publiques et fondamentales, il suffisait d'écouter Jean Castex et le président de la République expliquer que les frontières allaient être contrôlées pour empêcher les outrecuidants d'aller faire du ski à l'étranger. Mais comment avons-nous accepté des décisions aussi ubuesques ? Les frontières sont en permanence un sujet de débats houleux. Jamais elles ne seraient assez surveillées à en croire certains... Sauf pour nous empêcher de skier ? Là nous trouverions le personnel, l'intelligence, le temps et l'argent nécessaires pour nous en occuper ? Nos frontières et celles de l'Union européenne ne devraient-elles pas être sur la table pour des questions autrement plus cruciales ? Cette crise a démontré la prescience de Montesquieu : « Les lois inutiles affaiblissent les lois nécessaires. » Voilà ce qui a été mis en lumière pendant ces longs mois de crise sanitaire. Nous nous sommes aperçus à quel point la liberté n'était pas acquise et que chaque grignotage ne se rétablissait qu'après des heures de bataille médiatique, intellectuelle et politique.

Deux tendances liberticides sont en œuvre et sont les difficultés du monde de demain. La première est celle de l'État qui, depuis des années, se croit autorisé à rogner nos libertés les plus fondamentales et à réglementer toujours plus avant notre vie privée. Cette tendance peut s'observer depuis des mois à travers différents projets ou propositions de loi. Comme ce vote de la loi anticasseurs, instaurant la criminalisation et la répression de la conscience en interdisant d'accès à une manifestation non pas celui qui commet un acte violent, mais celui qui en a seulement l'idée. Nous établissions à travers cette loi un *Minority Report* des manifestations. Ce film formidable où Tom Cruise est à la tête d'une brigade qui réussit à interpeller les criminels avant que ces derniers ne commettent leurs actes. Ils arrêtent en somme un individu qui n'a rien fait. Ces prévisions se passent bien jusqu'au jour où la machine déraille au point de tout remettre en cause. À la lecture de ce projet de loi, on faisait croire que nous allions mieux sanctionner les fauteurs de troubles. En réalité, nous n'avons pas rendu plus efficace qu'il ne l'est déjà notre Code pénal, nous l'avons juste alourdi une fois encore.

Ce à quoi nous assistons n'est rien d'autre que la suppression d'une liberté générale, afin de réprimer des débordements particuliers.

Le pouvoir préfère limiter les manifestations et intimider les citoyens. Durant de longues semaines a plané sur les débats l'ombre de l'article 24 de la loi Sécurité globale. Ce dernier empêchait la diffusion des vidéos de policiers, alors que de nombreux exemples attestent de l'utilité publique de ces vidéos pour alerter sur les comportements déviants qui existent dans les forces de l'ordre. Déjà, l'intitulé aurait dû faire frissonner tout le monde... Autour de cette loi, nous avons vu de nombreux jeunes participer aux manifestations, se battre pour l'intérêt général d'une confiance réciproque entre les dépositaires de la force légitime et les citoyens. À ce moment-là, naturellement, je suis fier de ma génération. D'autant plus qu'au cœur des manifestations se trouvaient les inquiétudes des autres articles que comportait ce texte, avec des dérives comme la privatisation d'un certain nombre de services de la police ou la surveillance par drone.

Une fois encore l'État a prouvé sa volonté répressive et liberticide en laissant entendre que les journalistes devraient se faire autoriser l'accès à une manifestation par le préfet, ou qu'une fois votée par l'Assemblée nationale la réécriture de cet article problématique serait confiée à une commission, fermant les yeux une fois de plus sur ce qu'est le rôle du Parlement… Précédemment, le nouveau schéma du maintien de l'ordre suffisait à apercevoir les dangers des jours futurs. La place des contrôles était étendue, dépassant même le cadre seul des manifestations.

Cette ambiance sécuritaire intervient dans des périodes incertaines où des maux s'abattent de manière violente et inhabituelle. L'argument étant que les lois manquent pour affronter les menaces nouvelles, il faudrait accepter des régimes ou des lois d'exception. La liberté n'est pas là pour faire un pas de côté dans les temps agités. Elle est une obligation de chaque instant, elle ne se négocie pas. Cette feuille de route du nouveau schéma de maintien de l'ordre du ministère de l'Intérieur résulte certes de bonnes intentions : celles d'assurer la sécurité, de soutenir les forces de l'ordre et de rassurer les manifestants. La liberté ne peut s'exercer sans les risques de la liberté. C'est-à-dire sans le risque de dégénérer, ou sans le risque d'une émeute ou d'un désordre. Or la lecture attentive des notes des ministres de l'Intérieur successifs et l'écoute tout aussi attentive de leurs déclarations montrent qu'on va vers une société de la peur, avec l'objectif de prévenir « les risques éventuels ».

Quelques mois suffisent pour voir défiler les lois répondant à ces problématiques. Récemment, la mise en demeure des comptes de Donald Trump sur les réseaux sociaux par des acteurs privés, sans consultation au préalable d'un juge, a fait sursauter d'effroi les mêmes acteurs politiques qui défendaient corps et âme la loi Avia, qui se vantait pourtant de mettre en place le même processus de censure. Dans les deux cas pourtant, nous autorisons des acteurs privés à décider de la présence d'une personne ou d'une opinion dans un espace public. Ces agents du Bien sanctionnent aujourd'hui les propos antisémites, homophobes ou xénophobes, mais quelles garanties avons-nous que demain ils ne sanctionnent pas des avis contraires à ceux du pouvoir en place ?

Toute pensée visant à créer, pour une période si courte soit-elle, une suspension de ces libertés – qu'au XVIIIe siècle nous appelions « les droits naturels et imprescriptibles de l'homme » –, dans le but d'une disparition totale des dangers, va à l'encontre de l'esprit d'émancipation de notre République. La prolongation permanente de l'état d'urgence sanitaire au nom de la prévention du risque glace le sang.

Aux plus inquiets, l'État ne cesse de garantir des droits. Mais, comme l'écrit François Sureau de façon on ne peut plus claire : « Nous avons remplacé l'idéal de liberté par le culte des droits[1]. »

L'attitude sécuritaire domine. Nous observons, et de manière encore plus flagrante depuis quelques années, la disparition de cet esprit de liberté, chaque autorité se précipitant sur la suspension ou la mise entre parenthèses prolongée de nos libertés pour répondre à n'importe quelle problématique. À partir de 2015, alors que les attentats sévissaient, nous avons vécu sous un état d'urgence pendant plus de deux années consécutives, dont certaines dispositions d'ailleurs sont entrées dans le droit commun.

Il faut s'emparer de cette idée de Liberté. Comprendre d'abord que, contrairement à ce

1. *Sans la liberté*, Gallimard, coll. « Tracts », 2020.

que l'on entend à tort et à travers, la sécurité n'est pas la première des libertés. Sinon, il n'existerait pas de pays plus libre que l'Italie de Mussolini. Ce sur quoi je souhaite insister, c'est que de couvre-feu en attestation et d'état d'urgence en confinement, la peur qui nous gouverne laisse entrevoir la liberté comme un luxe réservé pour les temps calmes, alors que cette dernière est la pierre angulaire de n'importe quelle démocratie qui ne souhaite pas tomber malade.

Mais c'est ainsi. Quand je défends ces idées, quand je défends des idéaux, quand j'essaie d'invoquer la nuance au milieu de ma génération, j'ai la terrible sensation que je suis né trop vieux dans un monde trop jeune. J'ai parfois l'impression d'être largué au milieu de mes semblables en étant le vilain petit canard. J'ai beau aimer infiniment ma génération, je ne peux m'empêcher de naviguer en eaux troubles au milieu de ses combats à la mode.

J'aurais naturellement préféré que ça ne soit pas le cas, mais l'actualité de ces derniers mois n'a fait que renforcer le sentiment que la France, avec l'aide d'une partie de la jeunesse, se perdait. La défense des libertés, qui devrait être l'œuvre d'une nation, d'un peuple, est reprise, déformée et transformée pour défendre une idéologie ou une vision qui s'éloigne de l'universalisme. C'est-à-dire l'idée qu'on ne se bat pas pour soi, mais pour le plus grand nombre. J'ai eu des discussions avec des camarades et même avec des amis d'une violence que je ne pensais pas atteindre lors de discussions civilisées. Lorsque, le 25 mai 2020, George Floyd, un jeune Afro-Américain, meurt aux États-Unis, à Minneapolis, à suite d'une interpellation par un policier, la scène filmée dans son entièreté provoque à juste titre un émoi international. D'emblée, le mot dièse mondial #Icantbreathe se propage sur les réseaux sociaux, soulignant ainsi la souffrance du jeune homme et mettant en pleine lumière le racisme régnant aux États-Unis.

Ce drame aurait pu être l'occasion, aux États-Unis comme en France, de se souvenir de l'enjeu majeur qu'est la lutte contre le racisme, de reparler du contexte dans lequel ont été édictées certaines lois raciales dans le pays de Donald Trump, d'insister sur les différences fondamentales qui séparent le système américain du système français ; mais cela, vous vous en doutez, aurait été trop facile. Au lieu de saisir convenablement cet événement tragique pour avancer collectivement vers une résolution des problèmes, des inepties apparaissent d'abord sur les réseaux sociaux. La fracture identitaire se fait béante et la notion de « race » dans le débat public déchaîne les passions. Déjà les « Blancs » n'auraient pas le droit à la parole, au nom d'un privilège. C'est même ce qu'on m'objectera dans des discussions Facebook entre potes de promo. Toute cette haine, toute cette incompréhension, toute cette violence que subissaient les personnes noires, je ne pouvais pas m'en rendre compte. Parce que j'étais privilégié par ma couleur de peau. Par mon statut. Par mes parents. Pour nous en convaincre, des manuels sont distribués. Des Blancs se mettent à genoux en signe de repentance de crimes qu'ils n'ont pas commis et d'une communauté dont ils ne sont que les innocents descendants. Or, cela ne suffit pas. Des manuels écrits par des « Blancs » sont distribués et expliquent à quel point nous devons prendre conscience de ce privilège.

Cette conscience idéale et voulue par ces militants ou ces militantes trouve son apothéose dans la « déconstruction ». Un état dans lequel on serait conscient de ses privilèges de « Blanc » au point de sentir viscéralement l'injustice faite aux « racisés ». L'hebdomadaire *Marianne* a réalisé une enquête passionnante sur la jeunesse. Les jeunes interrogés expliquaient en quoi l'actualité américaine avait marqué un tournant dans leur lutte contre le racisme[1]. Tous avaient une vingtaine d'années, et tous disaient s'informer par le biais des réseaux sociaux, sans prendre conscience un instant des biais que ces derniers induisent tant ils sont régis par des algorithmes. Lyla, Sarah ou Flora vantent ainsi la notion d'« apprendre à se taire » (sous-entendu en tant que Blanches dominatrices et donc trop bavardes) ; ou s'interrogent : « En tant que Blanche, je tire avantage du système. [...] Il faut donc m'instruire pour me rapprocher de la vérité. » Cette volonté de rejoindre ce grand mouvement s'est renforcée avec le partage de ces thèses par des influenceurs français ou américains. Aux États-Unis,

1. Anthony Cortes, « Blanchité, privilèges, alliés... Pourquoi les jeunes adhèrent-ils tant à "l'antiracisme" racialiste ? », *Marianne*, 11 juin 2020.

Billie Eilish milite activement et dénonce dès qu'elle le peut ce privilège.

Seulement, ces jeunes savent-ils de quoi ce concept est le nom ? Rien n'est moins sûr. Puis, cela ne sera jamais vérifiable, car les tentatives de dialogues sont vaines. Nous ne sommes jamais ramenés à ce que nous affirmons, mais à ce que nous sommes. Cette théorie date de 1989 et lorsqu'on prend le temps de s'y intéresser, elle évoque moins un privilège de race qu'un privilège de classe. L'autrice de cet article vient de Harvard : Peggy McIntosh, de son vrai nom Margaret Vance Means. Née dans les années 30, elle grandit à Summit, dans le New Jersey, État qui, à cette époque, est quatre fois plus riche que les autres. Son père travaillait au sein des laboratoires Bell, comme directeur du département de commutation électronique[1]. Autant dire, un futur « dominant » dans le monde où la technologie allait devenir cruciale. D'ailleurs, il s'enrichira en revendant des brevets majeurs, notamment

1. William Ray, « "Privilège blanc" : ce qui se cache derrière le slogan », pour Quillette (traduction par Peggy Sastre), *Le Point*, 30 septembre 2018.

ceux sur la fabrication des disques durs, à la société IBM. Margaret Vance Means n'est donc pas Cosette, nous l'aurons tous compris. Et c'est justement ce train de vie de quasi-aristocrate qu'elle dénonce dans son essai. Relisons-le donc en sachant d'où elle parle. Et en mettant en avant ses avantages sociaux plutôt que raciaux. Tous les avantages qu'elle énumère sont le fruit d'un privilège de classe. Pourtant, dans les universités, surtout américaines, c'est la question raciale qui prend le pas sur la lutte des classes. Aucune objection n'est possible, au risque sinon d'être traité... de raciste. Cette thèse, dont le succès est indéniable, transforme des problèmes d'inégalités économiques et sociales en lutte raciale et entraîne une division supplémentaire au sein de la société. Et ces thèses qui ne servent littéralement qu'à créer des problèmes au lieu d'apporter des solutions gangrènent la jeunesse française. Nous touchons à travers ces exemples à la disparition d'une liberté supplémentaire : celle de nuancer.

Cette obsession de l'identité qui ne passe par rien d'autre que la race donne lieu à une multiplication des plaintes, dont certaines seraient comiques si leur répercussion n'était pas tragique. Chaque individu ne se plaint pas au nom de quelque chose qui vient troubler la tranquillité d'un groupe, mais à propos de quelque chose qui vient troubler sa personne et cette façon de faire débouche sur une concurrence victimaire dans une ambiance malsaine.

C'est aussi quelque chose que j'ai pu constater lors de mes années de fac. Régulièrement, sur la conversation de notre groupe, on organisait des concours de mèmes. On part d'une image culte et on la détourne avec une légende à mourir de rire ou en y insérant des dialogues. Chaque jeudi, le concours était organisé et, honnêtement, tout le monde en prenait pour son grade. Je ne dis pas que c'était du Audiard ou du Devos, mais il y avait quelques pépites. Seulement, assez rapidement, des idées ou des images étaient vivement déconseillées, car elles provoquaient la fureur d'un groupe ou d'un autre. Ce phénomène pouvait n'être cantonné qu'à mon groupe, mais il s'est étendu à une vitesse vertigineuse sur la toile. Il existe dans les méandres des réseaux sociaux des « Neurchis », autrement dit des groupes détournant des images au thème commun. L'un des

Neurchis les plus suivis en France est celui d'*OSS 117*. Chaque jour, des images du film et certaines de ses répliques sont détournées pour faire référence à une polémique récente ou à l'actualité. Je vous cite *OSS 117*, mais il existe également des Neurchis de Pascal Praud, Zemmour, SJW (Social Justice Warrior) ou Petit Grégory si l'on aime l'humour noir. Toute cette communauté est organisée puis gérée par des jeunes. Comme dans une association, il y a des administrateurs, des organisateurs, des filtreurs, etc. Chacun a son rôle. Ces distractions marchent tellement bien qu'il en existe une Coupe de France ! N'est-ce pas génial ? Pour y avoir assisté, je peux vous dire que ça l'est.

Il se trouve qu'au sein de plusieurs de ces groupes j'ai des amis administrateurs. Et lors de nos soirées jeux vidéo entre potes, quand on évoque ces activités-là, nous nous mettons d'accord sur une chose : les sujets de vannes sont de plus en plus difficiles. Il suffit d'aller en commentaire pour remarquer les débats sans fin et les indignations surréalistes. Chacun juge inadmissible de caricaturer un personnage de film, parce que c'est offensant pour telle ou telle « bonne » raison. Lors d'un détournement d'une scène de film – de façon beauf je dois l'admettre –, les attaques en sexisme ont commencé à pleuvoir. Certains modérateurs sont obligés de retirer les publications pour mettre fin aux pressions. Ce n'est pas théorique, ça. C'est pratique. Je le vois tous les jours sur mon fil Facebook et ce sont les sujets d'indignation préférés de mes potes.

J'évoquais les jeux vidéo plus haut. Régulièrement, pour une partie de la nuit, on se retrouve pour jouer à la console. Ces derniers mois, les exemples de censure et de retraits de certains contenus sous la pression de remarques ou de commentaires sont inquiétants. Prenez l'exemple d'Assassin's Creed, une franchise Ubisoft au succès planétaire. Dans le dernier opus, nous sommes plongés au cœur de l'épopée des Vikings, entre les drakkars et le pillage des villages ennemis. En y jouant, un ami m'apprend que la description de l'un des personnages a récemment été supprimée avec une mise à jour. Quand je lui en demande la raison, il m'explique que ce personnage avait la peau brûlée. Le scénario le décrit comme étant « terrifié à l'idée que quelqu'un voie son visage défiguré. Il soulage sa fureur dans des éclats de violence ». À l'aide d'un tweet, une joueuse a dénoncé la manière « inacceptable » de parler des différences faciales et qu'elles soient en permanence ramenées à des figures maléfiques. Vous le voyez venir ? Eh bien, c'est exact, le studio s'est excusé, a promis qu'il serait vigilant à l'avenir et a effacé le personnage. Il est même allé jusqu'à « confesser » que sa description du personnage était « capacitiste[1] ». Le capacitisme étant – je l'apprends en même temps que vous – une oppression et une discrimination à l'encontre des personnes souffrant d'un handicap... Vous comprenez maintenant pourquoi, au sein de cette génération Calimero, je me sens trop vieux ?

Les États-Unis, pays qui a toujours quelques années d'avance sur ce qui va se passer chez nous, nous offrent des exemples à foison. Sur les campus universitaires, lieux de formation de la jeunesse, des initiatives surgissent comme les *trigger warnings*. Ces avertissements sont posés en amont du cours pour que les élèves qui craignent d'y être choqués puissent ne pas

1. Nora Bussigny, « "Assassin's Creed" : les excuses d'Ubisoft, accusé de "validisme" », *Le Point*, 15 novembre 2020.

venir. Le même délire s'entretient avec des carnets de discriminations, présents dans les plus grandes universités du monde. Carnets dans lesquels il est scrupuleusement noté les sujets et les questions qu'il faut éviter de poser à des personnes « non blanches ». Cette volonté d'abolir toute différence, au point d'en élaguer les discours, se glisse jusque dans le domaine littéraire. Depuis 2015, des élèves de Columbia, en s'inspirant d'une méthode employée à Santa Barbara une année auparavant, ont autorité sur les œuvres littéraires qui sont aptes ou non à être présentées et étudiées en cours. Dans un manifeste intitulé « Our identities matter in Core classrooms », les élèves du campus militent pour le retrait des *Métamorphoses* d'Ovide, afin d'éviter ce qui s'est déjà produit : une élève « traumatisée » par cette étude, parce qu'elle avait subi des violences sexuelles. Le choc est personnel et il est évidemment possible que cette élève se soit sentie sincèrement heurtée par certains passages ; mais ce malaise justifie-t-il censure ? L'art n'a-t-il pas vocation à interpeller ? À servir de *catharsis* ?

Le titre choisi par les élèves de Columbia pour leur manifeste, « Our identities matter », importe. Ce détournement du fameux Black Lives Matter ajoute de l'eau au moulin de ma réflexion sur les reprises d'un combat universel à des fins idéologiques et personnelles. Cette expression et cette pensée, qui érigent le « Blanc » en privilégié, sont l'allégorie de la tenaille identitaire des prochaines années. Avec cette vision et ces arguments, nous tuons chaque jour un peu plus la notion d'universalisme et d'intégration. Rendons-nous compte qu'avec cette mentalité la priorité n'est plus l'unité face aux discriminations, ni même l'unité face au racisme. La priorité est de ne surtout pas heurter.

Avec cette simplicité d'esprit et la disparition de la nuance, nous nous trompons de combat. L'émotion provoquée en France par le meurtre de George Floyd a engendré des inepties… presque cultes. À l'extrême droite comme à l'extrême gauche. Dans le premier cas, on excuse le meurtre du jeune homme en rappelant son passé criminel. En quoi le fait d'être suspect justifierait-il une mort par étouffement ? Voilà pour ce qui est de l'instrumentalisation de l'extrême droite. Pour ce qui est de celle opérée à l'autre bord de l'échiquier, elle n'est pas tellement plus glorieuse. Là, on compare l'incomparable. Souvenez-vous de Camélia Jordana exprimant son malaise face à la police française[1]. Affirmant dans un premier temps qu'il y a « des milliers de personnes qui ne se sentent pas en sécurité face à un flic, et j'en fais partie », elle ajoute que par ces mots, elle évoque les « hommes et les femmes qui vont travailler tous les matins en banlieue et qui se font massacrer pour nulle autre raison que leur couleur de peau. C'est un fait ». C'est ainsi que se sont succédé sur les plateaux télé des experts autoproclamés, politiques et associations, pour affirmer que ce qui se passe aux États-Unis est le reflet de ce qui se passe en France. Pour eux, la police de France est sans nul doute raciste. En parallèle se tenait un rassemblement en hommage à Adama Traoré, ce jeune homme mort lors d'une interpellation policière. Dans cette ambiance délicate, chaque mot avait son importance et il fallait les peser avec beaucoup de justesse.

1. « On n'est pas couché », 23 mai 2020.

C'est précisément ce que nous n'avons pas fait. Chez mes amis, les arguments étaient les mêmes. Certains sont allés manifester pour dénoncer cet acte abject et se sont même laissé entraîner à hurler : « Tout le monde déteste la police. » Ces mêmes conversations ont eu lieu et se sont reproduites avec la même intensité lors de l'affaire Michel Zecler. J'ai reçu des SMS m'indiquant : « Toi qui refuses de voir la réalité, regarde ce qui arrive. » Je ne refuse pas de voir ce qui arrive, je m'accorde seulement le droit à la nuance. Je ne supporte pas de jeter l'opprobre sur toute une profession quand quelques-uns, en leur seul nom, décident de l'entacher.

Ces idées qui traversent une bonne partie de la jeunesse sont entretenues par les souffleurs de braise. Sur les plateaux télé et les radios se succèdent les mêmes personnes aux théories douteuses : Rokhaya Diallo en tête, soutien du comité « La vérité pour Adama ». Essayiste, journaliste et animatrice, on peut lire ses tribunes dans Slate ou l'entendre dans le podcast « Kiffe Ta Race ». Proche des Indigènes de la République, elle n'avait pas hésité à participer au gala du Collectif contre l'islamophobie en France en compagnie de Houria Bouteldja, leur porte-parole connu pour avoir posté une « merveilleuse » photo avec cette inscription qui inspire la plus grande volonté de vivre ensemble : « Sionistes au goulag ». Si le combat de Rokhaya Diallo pour la France est sincère, si l'intégration et l'universalisme lui tiennent à cœur, pourquoi continue-t-elle d'accepter de recevoir des prix ambigus[1] ?

Reprenons sa théorie, elle est assez simple. Le racisme n'est pas l'acte de quelques personnes, le racisme est systémique. Autrement dit, selon ses mots : « L'État produit du racisme. » Par quels moyens ? Des lois, des organismes, des institutions. Il faut être clair. Ce que pense Rokhaya Diallo, elle a naturellement le droit de le penser, de le dire, de l'écrire et d'avoir un public. Telle n'est pas la question. Simplement, si elle dispose de ces droits-là, il faut aussi accepter de se faire contredire et de débattre en renvoyant à l'adversaire des arguments autres que son « privilège blanc » et « son incapacité à comprendre le problème, étant bien né ».

1. Jules Torres, « Rokhaya Diallo, l'imposture de l'antiracisme », *Valeurs actuelles*, 9 juin 2020.

Toute critique n'étant pas du racisme, je vais y aller de la mienne, non pas pour le plaisir du commentaire, mais pour révéler les failles d'une pensée qui se confronte au réel et offre aux jeunes générations une vision de l'avenir totalement faussée. D'abord, parler de racisme institutionnel, de racisme d'État en France, n'a aucun sens. Kofi Yamgnane, le premier Africain naturalisé français à siéger au gouvernement comme secrétaire d'État aux Affaires sociales et à l'Intégration, à qui le journal *Le Point* a eu l'intelligence de donner la parole, démonte avec force cette ineptie[1]. Il rappelle qu'en France, en 2020, nous n'avons « aucune institution, aucun organisme, aucune loi qui prône la ségrégation raciale ». Il affirme avec force que tous ces mouvements, il ne les comprend pas. Pour lui, « la lutte contre le racisme est devenue une légitimation du communautarisme ». Tout ce qui nous arrive en France n'est bien entendu pas à mettre sur le dos de Rokhaya Diallo, mais elle incarne

1. Jérôme Cordelier, « Kofi Yamgnane : "Je ne crois pas qu'il y ait un problème noir en France" », *Le Point*, 13 juin 2020.

médiatiquement à la perfection les absurdités racialistes qui ne font que nous diviser. Elle a ses combats et les mène avec force, et on sous-estime l'influence qu'elle et ses codisciples de lutte ont développée. Elle est devenue une référence pour énormément de femmes ou de jeunes. Elle est citée dès que l'on demande à se renseigner sur la lutte des classes ou sur les discriminations. L'influence de ses idées est colossale, car elles se diffusent sans l'aide des médias traditionnels. Cette influence passe par les réseaux sociaux bien sûr, mais aussi par les médias modernes aux formats courts et à la propagande attrayante.

Il est temps qu'on fixe un véritable cap à cette lutte. Qu'on se batte pour le présent et non pour le passé. Qu'on incrimine les entreprises et les pays qui pratiquent l'esclavage moderne sans vergogne. Les exemples sont légion.

La vraie question est : comment avons-nous pu en arriver là ? Je vais être honnête, sans faire la victime. J'ai beaucoup déménagé à cause de la profession de mes parents. Dans des villes, parfois dans des villages, à la campagne. Un peu dans le Sud, un peu à l'Est, nous sommes aussi passés par le Nord et nous

nous retrouvons, désormais, dans l'Ouest. J'ai fréquenté des établissements différents, parfois publics, parfois privés. Mes parents appartiennent à la classe moyenne. Je n'ai pas eu l'avantage des privilèges de classe. Tout ce que je fais aujourd'hui, je le fais parce que je travaille. Beaucoup. Et ça, j'y tiens. Mais jamais, durant ces multiples déménagements où je changeais d'établissement, je ne me suis arrêté à la couleur d'un tel ou à la religion d'une telle. Mon discours risque sans doute de paraître aussi pertinent que « l'eau ça mouille » et « le feu ça brûle ». Mais je tiens tout de même à le souligner. J'ai dû attendre la fac pour être ramené à ma couleur de peau ou à mes privilèges sociaux, alors même que, malgré mon statut, je dois tant à mon travail. Encore aujourd'hui, mes amis viennent de partout. Certains sont français. D'autres pas. Il y en a qui habitent dans des centres-villes mondialisés et d'autres qui se sont réfugiés dans les vallées mayennaises, rendant ainsi impossible la moindre communication par voies modernes. Lorsque j'apprends l'orientation sexuelle d'un ami ou la religion d'une proche, c'est dans un cadre privé. Lors d'une soirée autour d'un feu de cheminée avec une bouteille de vin. Lorsque le sujet vient sur la table et s'ils ont envie d'en parler. Parce que tout ce qui appartient à la vie privée reste privé. La religion, le sexe, les origines ou l'orientation sexuelle ne sont pas au cœur de notre amitié. Nous nous aimons parce que nous partageons des goûts, des passions, des critiques, des envies communes. Et je ne cache jamais ma tristesse quand je vois la violence que prennent ici ou là des conversations sur les sujets évoqués ci-dessus. Ces nombreuses raisons, surtout quand elles viennent interférer dans les relations privées au point de les dénaturer, s'ajoutent à la longue liste des maux modernes à cause desquels j'ai démissionné de mon époque depuis bien longtemps.

Ne laissons pas la politique aux vieux ! Les jeunes et la politique

Sans sourciller, une phrase revient régulièrement : « De toute façon, les jeunes ne s'intéressent plus à l'actualité ou à la politique. » Prononcée sur un ton plein d'arrogance. Mais est-ce que ces gens ont déjà essayé de regarder objectivement l'actualité ou la politique ? Commençons par les politiques. Notre génération est abandonnée par les politiques. Quand elle se mobilise, on la caricature, on affirme que sa place est sur les bancs de l'école et non à se saisir de son avenir ; je ne parle pas des manifestations contre la réforme des retraites qui contient un large panel de jeunes politisés à gauche rêvant d'un avenir à la Jean-Luc Mélenchon, mais des manifestations contre le réchauffement climatique ou contre les femmes battues.

La seule place où l'on tolère les jeunes, c'est sur les réseaux sociaux. Alors là, oui ! On s'extasie ! On vante dans quelques tweets élogieux leur propension superbe, au travers de « Bottle Flip Challenge », à se saisir de grandes questions. Mais il faut qu'on se cantonne à ça. Le reste, c'est pour les grands. Les adultes. Pas nous quoi.

En revanche, ces mêmes « adultes », ces mêmes politiques que l'on semble intéresser si peu s'entourent d'experts en communication pour apprendre à réaliser des vidéos avec des filtres de chiens et de lapins…

Parce que, bien entendu, pour nous parler, il faut se grimer en jeunes.

Jamais, en revanche, on entendra le moindre discours sur l'utilité des jeunes, leurs actes courageux, la nécessité de se tourner vers le futur de notre société. Non, l'intelligence est réservée aux boomers et à leurs souffrances.

Et quand je parle d'un discours, je parle d'un discours avec une vision. Nous, la seule vision à laquelle nous ayons droit, elle est comptable :

toujours trop chère la jeunesse, au point d'imaginer nous sucrer 5 euros d'APL.

De toute façon, à entendre les vieux, une chose est certaine : notre génération serait bien moins bien que celle d'avant. Creuse, non militante. Sans intérêt.

Par contre, quand ma génération œuvre pour le collectif, on regarde ailleurs. Quand lors du ZEvent, nous avons récolté une somme record pour une association caritative, nous n'avons pas reçu un mot de félicitations. Et quand je parle d'une somme record, elle se compte en millions d'euros. Cette somme, elle n'a pas grimpé en deux jours avec le don de grandes entreprises, de gros partenaires ou de marques célèbres. Cette somme, elle a été atteinte parce que derrière des écrans d'ordinateur, de tablette ou de télévision, des jeunes ont multiplié par milliers les dons de 1 ou 2 euros.

Sur ces dernières lignes, chers lecteurs et chères lectrices, vous n'hésiterez pas à me faire remarquer ma mauvaise foi quant au traitement médiatique de la jeunesse. Et il est vrai que l'honnêteté intellectuelle me pousse à vous avouer qu'on parle de nous, de temps en temps. Je vais vous dire quand. Quand une nouvelle crise approche et qu'on nous annonce avec componction que nous allons être sacrifiés. Et qu'on compte sur nous pour payer la dette.

Nous vivons dans une époque où les politiques réagissent, commentent, condamnent, promettent... Il faut reconnaître que ça leur laisse peu de temps pour penser. Si l'on jette un regard cruel sur la politique et ceux qui l'incarnent, comment voulez-vous qu'ils attirent l'attention de la jeunesse ? Les débats à l'Assemblée nationale sont médiocres, l'ambiance et le respect d'autrui sont mieux tenus dans une classe de CM2. Personne ne s'écoute. Les prises de parole ne sont jugées qu'à l'aune des applaudissements ou des huées qu'elles suscitent. Les débats sont ridicules, les partis politiques soumis à des idéologies empêchant la moindre réflexion. Si le vieux monde n'est pas reluisant, le nouveau l'est encore moins. L'arrivée à l'Assemblée du groupe LREM a ouvert une autre dimension dans la langue de bois et l'amateurisme. Majoritairement, si on tente une rétrospective, la politique au sens large n'a pas offert de grands moments de gloire. Souvenons-nous par exemple des déboires de François Fillon autour de ses costumes. Le soutien sans faille dont il a fait l'objet de la part de son parti n'a certainement pas fait progresser le débat sur l'avenir de la France.

Et n'en déplaise à ceux qui veulent faire sécession avec les partis traditionnels en se réfugiant dans les bras de l'extrême, la piètre performance de Marine Le Pen lors du débat du second tour est juste navrante. Son manque de préparation, ses marottes, ses mensonges et sa démagogie ont mis au jour ce qu'est l'alternative des extrêmes : rien. Si Emmanuel Macron a surpris par son profil nouveau, l'impression laissée par lui est fade. Jean-Luc Mélenchon se débrouille sans aides extérieures pour s'enterrer un peu plus chaque jour qui passe. Ces derniers mois ont confirmé de façon éclatante le niveau décevant du personnel politique. « Nous ne profiterons pas de cette crise pour faire de la politique. » OK. Mais pour proposer ? Pour penser l'avenir ? Pour réfléchir ? Vous êtes en jachère aussi pour ça ? Si ma génération n'avait pas déjà été dégoûtée par la politique, l'année qui vient de s'écouler lui a très certainement porté le coup de grâce.

Quand on sait que les réseaux sociaux sont la première source d'information chez les 18-34 ans, à hauteur de 47 %[1], et que l'appréhension de l'information ne se contente que du titre de l'article, il y a de quoi ne plus jamais mettre un pied dans un bureau de vote. Parce que je veux bien entendre l'argument du vote pour protester, mais il faudrait déjà se poser la question de cet absentéisme. Selon l'Ifop, pour les municipales 2020, un jeune sur trois seulement a voté. L'élection présidentielle est le rendez-vous électoral qui convoque le plus de jeunes, avec un taux insuffisant de 68 %. C'est un chiffre bien maigre de 9 % du corps électoral, contre 23 % qu'incarnent les personnes âgées. S'il est indéniable que nous avons tous une part de responsabilité dans cette désertion des urnes, il faudrait aussi se demander ce qui nous pousse à la pratiquer. Qui s'est déjà interrogé sur les raisons de notre

1. Noémie Bonnin, « Les réseaux sociaux première source d'info en ligne chez les personnes sensibles aux théories du complot », Franceinfo, 18 février 2019.

abstentionnisme ? Je pourrais les énumérer dans l'ordre alphabétique d'abord puis recommencer dans l'ordre chronologique, mais je vais me contenter d'aller à l'essentiel. Avons-nous envie de voter pour l'incompétence ? De voter pour s'apercevoir que les responsables, ceux qui ont poussé la France à échouer, au lieu d'être virés, se recasent sans cesse dans les nombreux placards dorés de la République ? Est-ce nécessaire de voter, quand on voit que les ministres d'aujourd'hui sont les candidats de demain ? Que ceux qui ont donc failli hier vont revenir demain ? Que jamais aucune de leurs fautes ne leur sera reprochée ? Qu'ils ne seront comptables de rien ? Quand on voit des ministres mentir, des députés s'abstenir et des élus frauder, pourquoi aurions-nous envie de voter ? Quand sur les montages qui envahissent les réseaux sociaux, nous observons des personnalités politiques dire tout et son contraire d'une journée à l'autre ? Sans jamais reconnaître leurs erreurs ?

Je ne vais même pas rappeler le scandale des masques ni des tests qui sont des échecs, peu importe l'endroit où l'on pose notre regard. En revanche, quand toute une opération de communication est montée pour vanter une commission d'enquête sénatoriale pour faire émerger les coupables de l'impréparation française dans la lutte contre cette épidémie mondiale, on aimerait que les conclusions de ce rapport soient suivies d'effet. Et que les coupables soient démis. Parce que pointer du doigt la responsabilité de Jérôme Salomon dans la pénurie de masques pour que ce dernier ne démissionne pas, ne s'excuse même pas, il faut admettre que c'est désespérant. Quand une ancienne ministre de la Santé, candidate à la Mairie de Paris, devient la risée de notre pays parce qu'elle a failli, elle aussi, il est inadmissible qu'elle soit promue à l'OMS moins d'une année après avoir si cruellement échoué. Le tout, sans jamais avoir participé à un conseil municipal.

Et nous, la jeunesse à qui on donne des leçons d'exemplarité en permanence, il faudrait que l'on vote ? Pour ce genre de personnages ? Quand on observe des personnalités politiques comme François Hollande, qui avait promis lors de sa campagne de 2012 que les jeunes vivraient mieux en 2017 qu'en 2012, laisser un chômage des jeunes de 24 % en partant de l'Élysée, on en conclut quoi ? Qu'il a bien fait de partir et qu'il devrait s'astreindre au silence ? Quel silence ? Il fait le tour des médias et distribue les bons et les mauvais points, comme s'il n'avait aucune responsabilité dans le drame que vit aujourd'hui notre jeunesse. Comme s'il n'avait jamais gouverné. Je ne suis pas sûr d'avoir envie de voter pour ces personnages qui se lancent dans des diatribes au niveau des pâquerettes.

Et que dire de Macron ? Celui qui se qualifiait de candidat des jeunes – ou était-ce celui qu'on avait nommé candidat des jeunes sans raison particulière ? Il n'a cessé de mener une politique de vieux, à l'intention des vieux.

On pourrait voter pour beaucoup de monde finalement, mais certainement pas pour ceux qui se présentent. Nous sommes jeunes. Jeunes ne veut pas dire « cons ». Il ne suffit pas de faire quelques sourires bien sentis dans des émissions branchées pour récolter des votes. Non. Pour récolter nos votes, il faut venir nous écouter, nous parler, proposer des solutions à des problèmes qui sont récurrents depuis des années. Sinon, que se passe-t-il ? Nous votons contestataires ! C'est-à dire ? Pour

Jean-Luc Mélenchon ou Marine Le Pen. En 2017, 30 % des 18-24 ans ont voté pour le premier et 21 % pour la seconde. Dans le dernier sondage Harris pour *L'Opinion* (janvier 2021) sur les intentions de vote à l'élection présidentielle de 2022 des 18-34 ans, la leader du RN mène la course en tête, créditée de 34 %, largement devant Emmanuel Macron (21 %), alors que Jean-Luc Mélenchon dégringole à 14 %. Ça vous fait froid dans le dos ? Alors, chers politiques, attaquez-vous aux problématiques cruciales ! Celles des facultés notamment.

Faites-en sorte que dans les grandes universités, à la rentrée et ce durant plusieurs mois, des élèves ne soient pas condamnés à suivre leurs cours l'ordinateur sur les genoux, assis sur les marches. Que l'hiver, les élèves des plus grandes facultés de France ne soient pas littéralement congelés dans les amphithéâtres quand ils viennent assister aux cours.

Rendez la France attractive pour les jeunes. Nous avons déjà fait les frais de vos politiques ineptes.

Se débrouiller pour que la France fasse rêver à nouveau et éviter de cette façon que sept jeunes sur dix souhaitent partir travailler à l'étranger[1]. Quels sont les arguments que je donne à mon ami qui, après s'être spécialisé dans le décryptage de données informatiques, va se vendre à l'étranger, sous prétexte que « la France n'est plus à la page » ? Car, là où il travaille, « c'est du matériel du XXe siècle avec une administration qui pense comme au XIXe ». Autour de moi, je n'ai que ça. Des amis qui veulent quitter la France. Partir loin. Éviter le climat pesant. La mentalité ambiante. Qui veulent échapper aux mêmes débats stériles. Qui veulent être là où les choses bougent. Et surtout, qui veulent être considérés. Certains veulent fuir ailleurs, pour pouvoir récolter le fruit de leur travail. Savoir qu'après des études pénibles la moitié de l'argent qu'ils gagneront ne partira pas dans les poches de l'État. Savoir que l'argent prélevé est dépensé intelligemment. Ne pas halluciner du pognon de dingue dépensé pour ne pas réaliser qu'à chaque utilisation d'un service public des prestataires étrangers ou

1. Amélie Petitdemange, « Expatriation : 7 jeunes sur 10 envisagent de vivre à l'étranger », *Les Échos* Start, 16 octobre 2018.

privés font mieux. Bâtir un programme politique sur des choses concrètes. Nous montrer que le système scolaire sera enfin à l'écoute du monde qui l'entoure. Chercher des idées pour que des étudiants en sortant de cours ne soient plus contraint d'enfiler des vestes « Uber Eats » de façon précaire pour survivre pendant leurs études.

Montrer que la France, elle bouge, et montrer qu'elle bouge vite. Qu'elle n'est pas ringarde, qu'elle sait évoluer avec son temps. Quand les politiques parlent de programmes, qu'ils se préoccupent de construire la France d'après, plutôt que de réparer les ruines de celle d'avant.

Il faut bannir les propositions démagogiques. Comment osez-vous présenter le prêt de 10 000 euros comme une solution miracle ? Alors que cela fait des décennies que vous ressassez que la dette publique nous fait courir à notre perte. Quel message cherchez-vous à nous envoyer ? Qu'étouffer une génération avec une dette privée contractée par les plus précaires, ce serait la panacée ? Et que dire du vote à 16 ans, en espérant grappiller quelques bulletins que vous n'aurez pas plus ? Ce n'est pas notre âge qui pose problème, c'est vous. Vous et votre « funeste cortège », comme dirait l'autre. Il faut venir côtoyer la jeunesse. Faire au moins semblant de connaître ses passions, ses préoccupations, ses angoisses. Savoir de quelle façon elle se mobilise pour que le monde change. S'intéresser aux plateformes qu'elle développe seule, comme Twitch où les jeux vidéo sont rois et où les dons pour des associations sont quotidiens. Se glisser dans les coulisses de ceux que les jeunes écoutent vraiment, c'est-à-dire les Youtubeurs, les streameurs et les influenceurs. Ceux qui aujourd'hui sont le centre du monde d'une certaine jeunesse et dont le poids vaudra tous les discours politiques en France. Il faut connaître ce monde-là. Et par connaître, j'entends appréhender, pas utiliser à des fins politiciennes comme l'a fait le gouvernement de façon cynique pour évoquer la pandémie par l'intermédiaire des directs Instagram.

Dénouez la cravate, tombez la veste et remontez les manches de la chemise pour paraître tendance. Faire des directs Instagram ne nous fera pas oublier que vous avez fracassé une génération.

Génération sans charme

On pouvait s'en douter, mais cette année presque confinée n'a pas amélioré les relations amoureuses et sexuelles. Il y a encore un an, la majorité des rencontres débouchant sur une aventure amoureuse avaient lieu au cours des soirées. Ce truc que nous avons tous oublié, mais qui rassemblait dans un même espace, parfois réduit, et au milieu d'une ambiance chaleureuse et agréable, des personnes qui s'appréciaient.

Sauf que le 2 décembre, une enquête Ifop/Facebook a été publiée et laisse apercevoir l'époque immonde dans laquelle les rapports amoureux et intimes sont plongés. Désormais c'est Internet qui remplace les restaurants, les bars et les boîtes de nuit. Ce sont les applications. Les sites de rencontres. Je vais être honnête, c'est un monde que je n'observe que de loin. À titre personnel, je suis encore un homme un peu ringard qui aime rencontrer quelqu'un dans un restaurant ou autour d'un café. J'aime bien voir l'autre, être attentif à ses gestes et à sa voix. Je préfère les lettres aux SMS. J'entretiens encore quelques correspondances épistolaires avec de précieux amis pour ne pas oublier l'importance des mots, apprécier le temps d'une réponse et le poids des confidences. Ce monde, je l'observe donc grâce aux témoignages et à mes moments passés entre amis avec une compréhension naturelle. Le monde des applications et des sites de rencontres, c'est encore l'un des rares endroits où l'on cultive le secret. Contrairement aux réseaux sociaux, ce sont des parenthèses où l'on façonne son image physique et intellectuelle. Une photo, seule, peut être à l'origine d'une rencontre. On doit se résumer parfois en quelques lignes, alors évidemment on embellit la réalité, on se qualifie de plus drôle qu'on ne l'est, plus tolérant qu'on ne le pense, plus conformiste que ce que l'on peut être. Mais qu'importe, c'est encore un espace de liberté. Ce que je trouve réjouissant également, c'est le contrat qui engage les deux personnes en fonction de l'application. Elles se sont trouvées pour ne pas passer leurs vies ensemble, mais au contraire pour s'octroyer une parenthèse consentante et réciproque.

L'époque et les maux modernes ne favorisent en rien l'épanouissement des relations hommes-femmes. Pour ceux qui ont besoin d'expérience, les temps sont capricieux. Un véritable rendez-vous aujourd'hui est un calvaire moderne. Les cafés sont fermés, les bars interdits et les restaurants proscrits. Lorsque l'on doit apercevoir l'autre, c'est forcément chez soi et dans des horaires délimités par un couvre-feu. Nous sommes passés du verre de vin sur un coin de table au café Nespresso chez soi dans un appartement de 9 m^2. Il ne faut plus espérer séduire dans un cadre hors du commun. Certains ont accepté que le premier rendez-vous se déroule chez eux, là où ils habitent. Dans leur intimité. Tout va trop vite, non ? On entre directement chez l'autre. On n'a plus le temps de s'interroger sur ses goûts et ses couleurs qu'on se retrouve déjà confronté à la vue d'un frigo désorganisé ou d'un appartement poussiéreux...

Mon amie Lucie, qui habite dans le sud de la France, a rencontré une fille sur une application ; elle m'a raconté, hilare, le rendez-vous surnaturel qu'imposent l'attestation et le masque. L'angoisse de ne pas voir le visage de l'autre et veiller à ne pas dépasser les heures de sortie pour éviter que la première rencontre débouche sur une amende. Après s'être aperçues plusieurs fois, comme elles se plaisaient, elle m'a appelé pour me poser une question angoissante à laquelle je n'aurais jamais pensé avoir à répondre : « Tu sais comment on fait pour voler un baiser alors que l'autre porte un masque ? »

Il suffit de se balader sur les boulevards encore un peu fréquentés pour observer des moments précieux d'une rare tristesse. J'ai surpris l'autre jour un jeune couple hésitant à partager la même paille pour déguster leur milkshake et des amis ne sachant s'ils pouvaient saisir la main de celle qu'ils désiraient. Et ces moments n'étaient possibles que pour les courageux qui consentaient à enfreindre les règles du confinement. J'ai des amis qui ont fait leur premier « date » par un apéro-Zoom. Je ne sais pas si vous réalisez le niveau de détresse de l'époque moderne pour accepter que l'autre nous appelle sur FaceTime, à 20 heures, avec un verre de vin ? Avant, on soignait sa coiffure, sa tenue et son parfum. Désormais, on fait en sorte que l'éclairage de la pièce ne nous fasse pas une mine affreuse, que la caméra arrondie du téléphone ne fabrique pas un double menton et que le « décor » de l'appel ne soit pas angoissant. Les rencontres amoureuses sont devenues des entretiens d'embauche à distance, le vin en plus. Les rencontres impromptues, impossibles. Les individus avançant masqués empêchent d'admirer un sourire renversant. Les distanciations sociales évitent que l'on soit enivré par le sillage d'un parfum ou affolé par deux mains qui se frôlent. Un ami m'a fait hurler de rire chaque fois qu'il m'envoyait son attestation de déplacement garantissant qu'il allait porter assistance à sa grand-mère pour se précipiter chez son *crush*. Au mois de décembre, il a réussi à se prendre une amende, parce qu'il n'avait pas pensé que le footing en pantalon de costume était une pratique qui se raréfiait...

Ces anecdotes sont réjouissantes, mais hélas, autour de moi, le confinement a été un véritable accélérateur de séparation. Qui souhaite s'enfermer à 20 ans avec la personne dont il est amoureux ? Le confinement est le plus grand tue-l'amour. La routine imposée vient heurter l'amour passionné du début. L'enfermement empêche les découvertes et les rendez-vous extérieurs traditionnels. Les conversations vides et tristes sont encouragées par l'ambiance morne de l'épidémie. Le seul moment de respiration, c'est de faire des courses ou de s'inventer une passion pour la course à pied.

Qui peut résister à ça ?

Et s'il n'y avait que les questions sanitaires. Les relations entre hommes et femmes revêtent aujourd'hui une forme que l'on n'aurait jamais imaginée dans nos pires cauchemars.

Je ne pensais pas que nous étions à ce point devenus frileux si je n'avais pas vu cette scène de mes propres yeux. L'été dernier à Rome, entre deux stages dans une école de commerce, un ami tombe sous le charme d'une fille de son école qu'il croise par hasard à la terrasse d'un café. Le lieu est paradisiaque, la jeune femme sublime, pourtant, mon ami ne tentera pas sa chance. Quand je lui demande pourquoi il ne va pas la complimenter ou juste lui dire qu'elle lui plaît, il me répond qu'en école de commerce les règles sont strictes. Mieux vaut ne pas prendre le risque d'engager une approche, car un message mal interprété pourrait le faire basculer dans la catégorie « harceleur ». Un coup à être banni de sa propre promo… L'anecdote se passe de commentaires.

De nouveaux codes se sont imposés, à tel point que ce qui pouvait être considéré comme des gestes d'attention ou de pure sympathie frôle désormais le statut délictueux. Payer un dîner revient à entretenir le patriarcat et aider une femme à enfiler son manteau est un geste paternaliste. Lors d'une soirée, alors que nous nous étions lancés dans un concours d'anecdotes de *dates* foireux, l'une de mes amies s'est sentie fière d'affirmer qu'elle avait refusé qu'un mec la raccompagne jusqu'à chez elle pour montrer qu'elle savait se protéger toute seule. À ses côtés, mon meilleur ami a complété la série en se rappelant une fille de sa promotion d'ingénieurs qui avait refusé qu'il lui commande un Uber, car « les femmes modernes sont indépendantes financièrement ». Déjà que je n'étais pas doué, mais si la drague la plus romantique et bienveillante vous fait passer pour un forceur... L'ère du soupçon et du rapport de force permanent est décidément... irrespirable.

Je comprends mieux pourquoi je regrette l'époque des correspondances passionnées... Au milieu de ce trouble amoureux, je n'évoque même pas les influenceuses modernes qui se félicitent de « déconstruire » leurs mecs et s'extasient joyeusement devant la philosophe Camélia Jordana qui demande aux hommes blancs occidentaux de s'excuser d'être les auteurs de tous les maux modernes. On l'oublie trop souvent mais grandir dans cette époque, c'est regarder désespérément ce type de remarques idiotes se hisser au stade de réflexion intellectuelle. Je pourrais trouver ces propos comiques s'ils n'avaient pas un tel écho dans cette génération égarée.

Il suffit de remonter quelques années en arrière pour se souvenir d'un temps que les moins de 20 ans connaissent. Il y a encore cinq ans, je ne me souviens pas d'avoir connu des polémiques qui fustigeaient une publicité d'Etam sous prétexte que la femme mise en avant était mince. Et comme le précisent les commentaires, je ne savais pas qu'une pub dont l'objectif est de vendre un produit était en fait une injonction sexiste. Je ne me souviens pas non plus qu'il y a encore quelques années, des adjoints à la mairie se préoccupant au quotidien de l'« égalité femme-homme », retiraient une publicité de la marque de lingerie Aubade, au motif que cette dernière disposait un slip en dentelle sur un fessier féminin le mettant en valeur...

Si je peux comprendre l'interrogation qui consiste à se demander s'il est judicieux et vendeur de recouvrir le mur entier des Galeries Lafayette avec une photo de fesses, je suis moins compréhensif quant aux motifs évoqués pour la retirer. Hélène Bidard, la nouvelle Jean Moulin du féminisme, a pris sa plume pour sermonner Philippe Houzé, président du directoire du groupe Galeries Lafayette, dont le simple fait qu'il soit un homme aurait dû alerter sur son potentiel d'action misogyne et sexiste, pour « lui faire part de sa vive colère à voir son enseigne faire le choix d'afficher une telle publicité sexiste et stéréotypée, réduisant les femmes à un morceau de corps et à un objet sexuel. Un an après la vague #MeeToo ce choix apparaît hors du temps et de l'histoire. Il véhicule une image dégradée, dépassée et inadmissible[1] ». On remarque immédiatement une colère pas du tout excessive (!) pour une publicité qui est l'image de la marque depuis 1990...

Les exemples de cette nature pullulent ces dernières années. On préfère polémiquer sur de faux scandales, on préfère s'intéresser aux faux problèmes et à l'apparence qu'aux questions de fond. Juste après l'arrivée de #Balancetonporc, en France, en octobre 2017, l'association féministe « Osez le féminisme » a saisi l'Autorité de régulation professionnelle de la publicité, afin de retirer une pub du créateur Yves Saint Laurent, incontestablement suggestive, sur laquelle une femme allongée, laissait apparaître entre ses jambes écartées une culotte. Si, autrefois, les catholiques étaient garants de la

1. M.-A. G., « Paris : polémique autour d'une publicité jugée sexiste, sur les Galeries Lafayette », *Le Parisien*, 14 décembre 2018.

morale, les féministes sont à présent garantes du corps de la femme.

Ces remarques peuvent paraître déplacées ou inadéquates, mais je pensais que le féminisme tel que je le lis et tel que je le vois est la liberté de chaque femme à disposer de son corps, y compris si c'est pour se mettre en scène dans une publicité. Je ne savais pas qu'une poignée de femmes se réservaient le droit au nom d'un sexe de censurer une pub. Ce sont ces mêmes féministes qui, au nom de la « libération de la parole de la femme », se sont scandalisées de la venue de Peggy Sastre à l'Université d'été du féminisme. La défense des femmes, oui, à condition qu'elles pensent comme elles. Ces exemples me semblent être la démonstration de la présence d'un féminisme qui prend des tournures religieuses. Ces dernières imposeraient un cadre de pensée et de croyance dont il ne faudrait pas sortir au risque de ne plus être soutenu. C'est ce qu'on a vu avec la tribune pour « la liberté d'importuner » qui a provoqué un tollé général et dont les autrices se sont fait accuser de tenir des propos irresponsables, voire dangereux.

Les réactions ont été surréalistes. L'historienne Michelle Perrot a accusé les signataires et les rédactrices de manquer de solidarité avec les femmes. Elles se sont même vu reprocher le fait d'être blanches et bourgeoises ! De la part de personnes blanches... et bourgeoises. On aurait voulu des débats intelligents, ils n'ont pas eu lieu. On n'a eu droit qu'au bruit et à la fureur. Ce texte, critiquable par ailleurs, a seulement tenté d'introduire de la nuance. Peut-être ont-elles eu tort ? Mais on ne traite pas de ces questions en exigeant le silence de ceux qui ne pensent pas comme vous.

Je me souviens d'une militante sur un plateau de télévision exiger cinq ans de prison pour un baiser volé. Ces comportements posent une véritable question : est-ce qu'autant d'intransigeance sert les femmes ? Le but de notre société n'est-il pas justement de donner des clefs aux femmes ? Des plus précaires à celles qui ne sont pas dans le manque ? De résoudre les véritables inégalités et les véritables injustices pour que les femmes soient indépendantes économiquement, qu'elles ne vivent plus sous une domination quelconque, qu'elles ne soient plus dans une situation de précarité, qu'elles aient les armes nécessaires pour ne plus hésiter à dénoncer un patron qui les harcèle ? D'offrir une sécurité suffisante pour que les femmes soient libres de circuler et de s'habiller comme elles le souhaitent ? Bref de construire une véritable émancipation pour vivre sans avoir à craindre de subir.

C'est ce chemin qu'il faut réussir à tracer. Collectivement. Sans tomber dans les outrances présentées comme le Bien. Quand, lors des soirées entre amis, on parle de tout et de rien, les femmes sont les premières à se poser ces questions. Comment se fait-il qu'elles soient obligées de faire semblant d'être au téléphone en rentrant tard le soir pour ne pas être harcelées ? Est-ce normal qu'elles soient obligées de demander à des proches de venir les chercher quand elles sortent d'une garde à l'hôpital, alors qu'elles sont à moins de cinq minutes à pied de chez elles ? N'y a-t-il rien d'inquiétant quand la plupart de vos amies vous confient ne plus jamais monter seules dans un Uber ? Ou avouent qu'elles se sentiraient plus rassurées s'il existait des transports réservés aux femmes ? Alors ? Que fait-on pour enlever ce nœud qui vrille le ventre de beaucoup de femmes dans ce pays ?

Ce n'est pourtant pas l'idée qui semble guider les médias en général, surtout quand j'observe, non sans un étonnement permanent, la promotion de certains livres se présentant comme le guide vers un nouveau monde. Dernier exemple frappant : la couverture pour la promotion de l'ouvrage d'Alice Coffin, *Le Génie lesbien*. Je n'en reviens toujours pas. Sa sortie sur le sort qu'elle réserve aux œuvres des hommes : « Je ne lis plus les livres des hommes, je ne regarde plus leurs films, je n'écoute plus leurs musiques [...] elles sont le système. L'art est une extension de l'imaginaire. » Son souhait est d'éliminer les hommes. Imaginons un seul instant un homme dire la même chose des femmes ? Ou un homme politique dire ça des gays ? Des Noirs ? Ou des Arabes ? Cela aurait, bien heureusement, provoqué une enquête pour « incitation à la haine ». Mais Alice Coffin, elle, est au-dessus de tout ça. Alice Coffin est l'élue à la Mairie de Paris qui a fait démissionner Christophe Girard, au motif que ce dernier aurait côtoyé d'un peu trop près l'écrivain Gabriel Matzneff accusé de pédophilie. Je parle naturellement au conditionnel, le procès ne s'étant pas encore déroulé. D'abord, si louable soit la raison, je ne vois pas pourquoi un élu démissionnerait au motif de manifestations. Sur un plateau de Russia Today (RT, organe de propagande d'informations russe, c'est étonnant de parler d'oppression sur un média affilié à un pays au régime autoritaire), elle expliquait « que de ne pas avoir un mari, ça [l]'expose à ne pas être violée, ne pas être tuée, ne pas être tabassée », avant d'ajouter le 1er octobre, dans l'émission de Mediapart « À l'air libre », que les femmes « se font trucider, violer, tuer : c'est ça [leur] quotidien », en réaction à la phrase page 224 de son livre (que j'ai lu, ne croyez pas que j'attaque les thèses sans les connaître) : « Je ne sais pas si je mourrai sans avoir blessé un homme[1]. » Nous en sommes là, la justification de frapper quelqu'un uniquement sur la base de son sexe...

Je vous rassure, il est injuste d'incriminer Alice Coffin seule. D'autres femmes l'accompagnent dans cette paranoïa, comme Pauline

1. Alice Coffin, *Le Génie lesbien*, Grasset, 2020.

Harmange, l'autrice d'un essai, *Moi les hommes, je les déteste*. En guise de promotion, rien de moins que la dernière page de *Libération*, vantant un livre « qui défend une détestation joyeuse des hommes qui conduit à une sororité émancipatrice[1] ». Tous ces propos sont ensuite diffusés et partagés sur les réseaux sociaux en présentant ces personnages comme étant une référence. On ajoute par-dessus tout que la haine qu'ils expriment semble dans l'air du temps, puisque tout le monde la valide et la comprend. Les chroniqueurs soulignent « le ton posé » ; « les phrases ciselées » ; « l'argumentaire solide » et même « la logique implacable » de ces essais. Le monde promu est donc un monde sans tolérance. C'est tellement triste pour notre génération.

Persuader les femmes et les jeunes filles que l'avenir se joue dans la détestation de l'homme a quelque chose de sinistre. Le raisonnement d'une pensée minoritaire qui peut se comprendre par la rage ou le désespoir est en train de devenir une politique sur fond de sectarisme

1. Erwan Cario, « Pauline Harmange : elle, les hommes, elle les déteste », *Libération*, 1er octobre 2020.

et de binarité. Que ceux persuadés que ça n'arrive qu'ailleurs ou dans les facultés étrangères rangent leurs certitudes. Je pourrais vous montrer mes cours de troisième année de licence, où l'histoire du corps, cours au titre passionnant, s'est transformée en une véritable apologie de la haine de l'homme. Alors permettez-moi d'avoir de sacrés doutes sur l'avenir serein de la vie mutuelle entre les hommes et les femmes quand ce genre de discours franchit les murs universitaires sans difficulté.

L'émergence de ce type de profils ne serait pas si inquiétante si le débat n'était pas limité ou ne donnait pas l'impression d'être face à de faux arguments. Je me souviens de m'être entretenu avec Alice Coffin par téléphone dans l'émission des « Grandes Gueules » sur RMC[1]. Elle venait y défendre la démission d'Éric Dupond-Moretti et de Gérald Darmanin. L'un devait démissionner pour avoir tenu des propos anti-MeToo et l'autre parce qu'il est visé par une enquête préliminaire. En direct dans une émission qui rassemble télé et radio confondues – 2 millions de personnes –, cette élue affirmait que l'actuel

1. Émission du 24 juillet 2020.

garde des Sceaux avait tenu des propos... qu'il n'avait jamais tenus. Par conséquent, si déjà l'idéologie de base n'est pas modérée, il faut faire en sorte que les arguments soient solides, et ça ne me semble pas être le cas.

Mais qui sont ces gens ? Certainement pas des Simone Veil, ni des Simone de Beauvoir 2.0, car ces dernières se préoccupaient de l'intérêt général. Que représentent-elles dans la société ? Hors des réseaux sociaux, qui sont ces femmes aux propos outranciers ? Personne. Personne, contrairement aux femmes qui se battent au quotidien dans les associations pour trouver des fonds, afin de subvenir aux besoins des femmes battues qu'elles accueillent, des femmes dont le combat est permanent dans des pays frontaliers aux nôtres, des artistes qui s'engagent et qui sont une véritable source d'inspiration. Faire croire que ces femmes représentent quelque chose d'important est faux. Elles incarnent une radicalité à la mode dans un monde qui se délecte de la radicalité.

Pour m'essayer à l'exercice périlleux de l'honnêteté, je me suis posé cette question à l'écoute de ces nombreuses célébrités : n'assistons-nous pas à un gigantesque bal de faux culs ? Loin jugeant les tenues, le maquillage, l'angle de la photo, ou préférant aller jusqu'aux messages privés pour envoyer une photo d'entrejambe masculin, considérant ça sans doute comme l'envoi généreux d'une œuvre d'art. La honte.

Le cas d'Onlyfans – une plateforme permettant d'avoir accès, moyennant un abonnement, à des photos et des vidéos exclusives[1] –, est emblématique de la schizophrénie contemporaine au sujet de la liberté des femmes. Ces réseaux sont bien entendu révélateurs de l'ubérisation de la sexualité de très jeunes filles et laissent craindre une mise en danger des plus fragiles d'entre elles. Néanmoins, depuis le lancement d'Onlyfans en 2016, certaines femmes ont commencé à gagner leur vie grâce aux revenus obtenus en publiant des photos dénudées et sexy. Or, quand l'une d'elles a affiché sa rémunération mensuelle, elle s'est faite honteusement insulter sur les réseaux sociaux. Les attaques allaient jusqu'à affirmer que si elle se faisait violer, c'était mérité, du fait de sa

1. Claudine Legardinier, « Ces jeunes qui vendent leurs photos de nus : Onlyfans, un réseau social pas si cool », *Le Figaro Étudiant*, 26 janvier 2021.

provocation. On juge les femmes donc, sans penser à la détresse de certaines d'entre elles. Par contre, s'attaquer aux GAFAM tapis qui font vivre ce système...

Je n'insisterais pas sur ce sujet s'il n'était pas révélateur de ce que certaines personnes pensent des femmes. Pour preuve, il suffit de convoquer l'étude Ifop à l'issue du confinement pour sonder l'avis des Français sur la tendance de ces femmes préférant désormais s'affranchir du soutien-gorge. S'en étant largement passé durant le confinement, plusieurs ont trouvé stupide de ne pas maintenir ce confort (53 % des femmes adeptes du « No Bra » le sont par « un désir de confort »). Sauf que 20 % des Français estiment que « le fait qu'une femme laisse apparaître ses tétons sous un haut devrait être, pour son agresseur, une circonstance atténuante ». Élément qui ne va pas rassurer les 57 % de femmes qui n'optaient pas pour cette pratique par « crainte d'être l'objet d'agression physique ou sexuelle ».

Ces constats faits, nous ne pouvons que nous inquiéter de cette société qui ne garantit pas aux femmes la liberté de faire, de vivre, d'exister comme elles l'entendent. Je vous vois déjà venir avec vos évidences : non, je ne considère pas qu'enlever une femme du podium d'un célèbre événement sportif se pratiquant sur un vélo comme une avancée de la cause. Interdire ce qui n'est souvent qu'un job d'été à cause de l'appel de quelques signataires en manque de visibilité me paraît absurde. Peu importe le droit, peu importe les coups et blessures, ce qui compte, c'est la rumeur et la récupération qui en est faite.

On fermera les yeux également sur un féminisme sélectif qui s'indigne, sans doute à juste titre, de la nomination et de la récompense décernée à Roman Polanski, mais ne trouve pas le temps de faire un seul tweet sur le traitement subi par Mila, dont la seule faute a été de critiquer l'islam. La vision de ces associations semble être manichéenne, au point de ne voir la société et le rapport entre hommes et femmes que sous le prisme oppresseurs/opprimés. Un féminisme dont les mots clefs sont « patriarcat » et « culture du viol ». Leo Muscato, metteur en scène, le prouve parfaitement lorsqu'il décide de réécrire la fin de *Carmen*. L'un des opéras les plus joués au monde. Sa fin est inversée pour que la jeune

Quelle prétention et quel manque de réalisme que de croire que la réécriture d'un opéra va aider la caissière qui se fait harceler par son patron.

Pis, elle est empreinte de moraline, là encore. Car si ces opéras sont censurés, c'est parce que, pour Olivier Py, « dans ces opéras du XIXe siècle la femme est très souvent victime. Pire encore, une victime consentante ».

Loin de moi l'idée de remettre en cause la liberté artistique de certains metteurs en scène ni même leur volonté d'être dans l'air – consensuel – du temps, mais il s'agit de replacer une œuvre dans son contexte historique.

Et puis d'en finir avec la prétention de ce microcosme artistique de penser qu'il aide la cause des femmes et notamment des plus précaires d'entre elles. Il faut avouer que réécrire la fin d'un chef-d'œuvre demande moins de talent que d'écrire une œuvre féministe au rayonnement mondial. Seulement, lorsque Bizet compose ce succès, nous sommes en 1875, le mot dièse Balancetonporc ou MeToo ne circule pas encore dans les salons littéraires, et il dote son héroïne d'une force de caractère inouïe. Une femme libre, aux multiples amants, dont la liberté et l'intelligence lui permettent de s'évader en promettant au brigadier Don José son amour s'il décide de la libérer. C'est cette même liberté et cette même force qui la poussent à s'éloigner de son libérateur et à le railler. La jalousie de l'amant ne la soumet pas, au contraire, cette jalousie lui prouve qu'une fois de plus sa liberté prime sur n'importe quel autre désir. Au début de l'acte IV, nous ne sommes pas face à la victoire d'un homme jaloux, mais bel et bien face à un homme désespéré qui, dans une dernière tentative de reconquête restant vaine, commet l'acte irréversible d'ôter la vie à la femme qu'il aime.

Carmen préfère mourir libre que rester vivante mais condamnée. S'il devait y avoir un message à retenir, c'est celui d'aimer sa liberté de femme au point que cette dernière puisse être une valeur si importante qu'elle vaut de perdre la vie. Puis franchement, Carmen n'est pas inspirée d'une histoire vraie, la pensée de l'auteur ne vise pas une défense intemporelle du sort des bohémiennes condamnées à mourir si elles ne se plient pas au désir d'un homme. Revisiter une œuvre et modifier les caractères des personnages principaux pour mieux coller à la réalité d'une époque me semble inquiétant. D'abord, parce que dans ce cas, il va falloir se pencher sur énormément de textes dans lesquels les femmes sont maltraitées au regard de notre époque. D'ailleurs, à l'instant, une idée me vient, pourquoi ne pas faire en sorte qu'Emma empoisonne Charles Bovary dans la pharmacie avec l'arsenic ? Puisque, après tout, si dans le roman de Flaubert Emma Bovary mène cette vie, c'est en grande partie à cause de son mari, dont les compétences en médecine et les contacts ne suffisent pas à lui offrir le train de vie dont elle rêve. Puis Don Juan devrait être une femme (comme l'a tenté Roger Vadim avec *Don Juan 1973*), car il est inimaginable désormais qu'un homme « regarde avec insistance » une femme, cela lui vaudrait une poursuite et un signalement par Marlène Schiappa.

Je pourrais écrire, seulement pour rire, qu'il faudrait revisiter *La Belle au bois dormant* pour que le prince n'aille pas embrasser une princesse qui n'est pas consentante d'un baiser qui va la sortir d'un coma éternel, mais des gens à l'intelligence supérieure ont déjà mené ce combat. En Grande-Bretagne, des parents, de moi l'idée de ne pas encourager les femmes à parler après avoir subi l'inadmissible choc d'une agression sexuelle. Mais la jeune stagiaire tripotée par ses supérieurs aura-t-elle la force d'envoyer son agresseur dans les cordes parce que Adèle Haenel a quitté la salle des Césars ? Non. La plupart du temps, elles subissent ces comportements odieux ou ces agressions de peur de ruiner leur stage ou leurs études. La réalité est plus complexe que les lignes d'un scénario.

Dès lors, mon raisonnement m'amène à penser que le féminisme que l'on voit partout ne s'attaque pas aux vrais problèmes. Il ne s'occupe pas de la liberté des femmes, il ne s'occupe pas de leur indépendance, il ne s'occupe pas de leur désir de s'habiller comme elles le souhaitent, il ne permet pas aux femmes de mon entourage de se sentir plus tranquilles dans la rue le soir. Ce dernier point est important pour moi, car j'aimerais ancrer ces mots : être une femme en 2020 doit être insupportable. Subir une pression permanente, celle des préjugés, celle des réseaux sociaux, pour lesquels chaque photo en maillot de bain ou en robe déclenche des torrents de commentaires nauséabonds bohémienne Carmen ne se fasse pas tuer par le jaloux brigadier Don José, mais que ce soit elle qui s'empare du pistolet accroché à sa ceinture pour l'assassiner. Ce changement ne mériterait pas une ligne dans ce chapitre si le metteur en scène n'avait pas vanté son *twist* final en affirmant « qu'on ne peut pas applaudir le meurtre d'une femme ». L'auteur pense visiblement, si on suit sa logique, qu'il est plus adéquat d'applaudir le meurtre d'un homme. À noter qu'il est soutenu par d'autres metteurs en scène, comme Olivier Py, directeur du festival d'Avignon depuis 2013. Six ans plus tôt, dans une adaptation de *Carmen* pour l'Opéra de Lyon, il n'a pas tué la bohémienne, Carmen. Pourquoi ? À l'en croire, la mort de Carmen était has been. Sa réflexion l'avait mené à ce raisonnement (sublime) : « Je pense qu'il y a dans certains opéras du XIXe siècle une manière de traiter les personnages féminins [...] qui n'est plus acceptable aujourd'hui. Je peux donc comprendre que l'on propose une autre fin[1]. »

1. Cécile de Kervasdoué, « La fin de *Carmen* revisitée pour dénoncer les violences faites aux femmes », France Culture, 5 janvier 2018.

et plus précisément une mère de famille, ont alerté lors d'une représentation que la princesse étant dans un profond sommeil, celle-ci ne pouvait être consentante. Il faut désormais le noter précieusement pour ne jamais l'oublier : derrière chaque prince se cache un prédateur sexuel. L'avenir de la femme et la façon dont elle doit pouvoir librement disposer de son corps sont des sujets trop sérieux pour être abandonnés à des esprits tristes.

Bien sûr que l'on peut avoir des désaccords ! Il faut qu'il y ait des désaccords pour que le débat n'occulte aucune parole, aucun aspect, mais cette raison justifie-t-elle la censure ? Lorsque Marcela Iacub, chercheuse, écrivaine, avocate, journaliste, organise en février 2018 une conférence à l'École des hautes études en sciences sociales (EHESS), qu'est-ce qui justifie que des collectifs féministes entrent dans l'amphithéâtre pour protester contre ces débats ? Sur un sujet comme la PMA, qu'est-ce qui justifie que des associations féministes réussissent à faire annuler la prise de parole de la philosophe Sylviane Agacinski ? Lorsqu'un de nos plus grands philosophes français, Alain Finkielkraut, participe au festival « Les Idées mènent le monde » à Pau, est-ce normal que des militantes du collectif féministe « Nous Toutes » demandent son éviction ? Je vous facilite la chose. À toutes ces questions, la réponse est évidemment : Non.

Rien ne justifie qu'en France, dans une démocratie, en 2021, des personnes soient privées de parole ou n'aient pas le droit d'exprimer leur parole. Peu importe le camp de pensée auquel elles appartiennent. Des exemples de ce genre, je pourrais en citer pendant des pages. Que ces militants, que ces associations considèrent que leur vision du féminisme est la plus juste et la plus sereine pour faire avancer la cause des femmes, c'est un droit. Seulement, il faut accepter d'entendre d'autres points de vue, et surtout être en capacité de comprendre que la voix que l'on défend n'est peut-être pas la seule.

En début de chapitre, j'évoquais ce qui a et continue de secouer une partie du monde artistique et journalistique : #Balancetonporc ou #MeToo. Pour avoir été présent dans les médias lorsque ce mouvement s'est amplifié et a légitimement occupé l'espace médiatique, une chose était frappante : la parole était manichéenne. Et celle des hommes, inaudible. Si les femmes devaient exprimer un ras-le-bol, expliquer, pour rendre compte de l'odieuse réalité des choses, la quantité de comportements, de gestes et de paroles qu'elles subissaient au quotidien, les hommes, eux, auraient dû avoir le droit d'affirmer, sans être insultés, que tous n'étaient pas des porcs. Faire une place pour l'homme normal : celui qui est aux côtés de la femme et qui n'agresse pas. En bref, la majorité des hommes.

Génération égarée

Ce livre, c'est au total, l'écriture d'une inquiétude d'abord et d'un souhait ensuite. L'inquiétude de ces douze mois de restrictions qui ont exacerbé des problèmes évidents et qui en ont engendré d'autres. Je suis inquiet de l'état de la jeunesse après cette période. Sera-t-elle encore joyeuse, positive et combative ? Ceux qui étaient déjà invisibles pendant cette crise sanitaire vont-ils réussir à se remettre délicatement en lumière et se sortir des trous noirs dans lesquels ils étaient plongés ? La motivation de ceux qui se sont battus, depuis des années, en travaillant l'été, en trouvant des stages pendant les vacances scolaires juste pour avoir une petite ligne supplémentaire sur leur

CV, risque d'être endommagée à des niveaux jusque-là impensables. Puis ces chiffres, ces chiffres qui sont partout, que l'on voit partout, représentent-ils tout le monde ? Les délaissés ? Les déprimés ? Ceux qui ont abandonné ? Ceux qui ont été obligés d'abandonner ? Quel monde va-t-on décider de mettre en place pour les prochaines années ? Va-t-on enfin accorder ne serait-ce qu'un regard à la jeunesse ? Au moins un regard de considération.

Et au-delà des questions estudiantines et économiques, quel goût aura la vie ? Quelle saveur aura la convivialité ? Quand auront lieu les retrouvailles ? Ne passerons-nous pas pour des criminels si l'on s'égare à faire la bise ? Peut-on espérer être considérés ? Est-ce que, après ce livre, on pourra espérer voir des politiques proposer de véritables solutions pour que la jeunesse sorte des crises ? Bien sûr, je salue les deux repas par jour à un euro pour tous les étudiants, même non boursiers. Mais par vraies solutions, j'entends aussi des réponses qui ne peuvent être que temporaires pour répondre à la gravité de la crise, comme le RSA pour les jeunes ou l'extension de la Garantie jeunes. Des aides immédiates, afin de protéger ma génération contre la précarité qui la menace toujours plus. Je parle aussi de solutions sur le long terme, comme envisager un véritable budget pour les facultés les plus délabrées de France. Les équiper avec du matériel digne de ce nom et des amphithéâtres sains. Envisager une véritable hausse du salaire des jeunes qui travaillent en tant que stagiaires, en tant que vacataires. Penser à abolir l'article du Code du travail qui autorise les employeurs à payer les jeunes saisonniers de moins de 17 ans à 80 % du SMIC, alors qu'ils font exactement le même travail. Enivsager une priorité des jeunes sur les offres d'emplois récentes et d'intérim. Bref, trouver des solutions rapides qui pourraient aider concrètement toute la jeunesse.

Et puis, au-delà des inquiétudes, vives et profondes, permettons-nous des souhaits majeurs. Arrêtons de donner des leçons de vie à la jeunesse quand le pays est dans cet état, après des années de votes successifs par et pour ces mêmes pères-la-morale qui l'ont conduit à la situation que nous connaissons actuellement. Arrêtons de la dénigrer. Cessons par exemple d'écrire des tribunes dans de grands quotidiens pour mépriser le livre de la jeune

Léna Situations, cheffe d'entreprise qui ne fait rien de plus que de transpirer la joie de vivre. Arrêtons de ranger les jeunes dans des cases trop étroites. Un jeune qui regarde des séries peut être un jeune cultivé. Un jeune qui joue aux jeux vidéo peut lire, écrire et penser intelligemment. Il n'y a pas de petites cultures. Ceux qui lisent des mangas, des comics et des hors-séries sont tout aussi intelligents que ceux qui lisent Camus, Baudelaire et Aron. D'ailleurs plutôt que de poser un regard hautain sur ceux qui n'ont pas une bibliothèque remplie de grands classiques, que l'on réfléchisse à la raison pour laquelle cette culture est réservée à l'élite.

Par ce livre, je demande que l'on rende aux athées leurs lieux de culte et de cuite. Que l'on puisse remplir les terrasses à nouveau. Que l'on puisse apprécier un vin au restaurant, une bière au bistrot et un cocktail au bar. Je prie pour que l'on puisse passer des nuits blanches à s'enivrer, d'eau, de vin ou de poésie à sa guise, mais que l'on s'enivre. Que l'on puisse danser sur les pistes sans la moindre distanciation sociale. Que les boîtes de nuit sentent de nouveau la sueur. Que l'on sorte à l'heure où les gens se couchent et que l'on puisse librement acheter des croissants au moment où la boulangerie ouvre ses portes, laissant derrière nous ce parfum âcre de fraîcheur et de tabac froid. Que des couples se forment. Que d'autres se défassent. Qu'un homme se précipite dans les bras de la femme qu'il aime. Je souhaite à chacun de quitter sa routine, d'apprécier des moments précieux comme une réunion d'amis autour d'une cheminée où les crépitements de la bûche qui se consume rythment les discussions de la soirée. Qu'on se sente libres. Nous, les jeunes. Qu'on nous laisse poursuivre nos rêves. Que les professeurs nous suivent dans nos projets plutôt que de tirer un trait sur notre avenir, au prétexte qu'il ne leur convient pas parce qu'il suit des chemins plus méandreux. Faisons confiance aux jeunes et à leurs initiatives.

Enfin, que nous puissions vivre libres. La liberté est une amie dont il ne faut jamais se séparer. Or, ces deniers temps, trop peu sont ceux qui se sont inquiétés de sa suspension provisoire. Que personne ne se sente frileux d'exprimer une opinion, surtout quand elle n'est pas dans l'air du temps. Que nous ne soyons plus limités à des déplacements utiles et que nous puissions prendre l'air comme bon nous semble. Que ce soit dans une rue piétonne déserte ou sur une plage envahie de touristes. Que nous soyons libres de mener notre barque intelligemment, sans avoir dans nos roues les bâtons aiguisés de la génération des croulants. Je souhaite avec ce livre faire émerger et encourager la survie d'une génération libre.

REMERCIEMENTS

Dans cette expérience littéraire fulgurante, inattendue et prenante, il faut forcément remercier l'entourage plus ou moins éloigné qui supporte et entretient cette activité peu commune.

D'abord mes parents, pour leur attention, leur confiance et leurs encouragements dans chaque moment. Merci pour les conseils pénibles et la prudence permanente emmitouflés dans des gants de velours.

Merci à mon frère pour ses découvertes musicales quotidiennes qui me permettent de rester connecté à une génération et merci pour les quelques heures sur GTA qui permettait de décompresser.

Merci ensuite à Cécile, qui partage mon quotidien sans sourciller devant mes couchers tardifs, mes levers matinaux et mes nuits sans sommeil. Merci pour l'exigence, la patience et la régularité. Merci pour l'équilibre et l'amour que tu m'apportes dans les aléas permanents.

Merci à mes deux amis précieux, Alexandre et Diwan, sans qui les études supérieures n'auraient pas eu la même saveur. Merci de votre présence de chaque instant, de vos conseils, de votre franchise et de votre attention. Merci de m'avoir entouré pour que jamais je ne prenne la grosse tête. Merci pour ces heures hors du temps, ces parenthèses interdites, ces confidences nocturnes et ces nuits à refaire le monde. Merci aussi pour ces nuits devant la console qui permettaient de faire quelques TOP 1 sur Apex afin d'écrire plus sereinement ensuite.

Merci à Isis, pour ton amitié et ton rire contagieux. Merci d'apporter, avec ton couple, les élans de tendresse dont ce monde a cruellement besoin.

Enfin, merci à tous ceux sans qui je ne serais pas en train d'écrire ces lignes.

Merci à Alain Marschall, Olivier Truchot, Paul Larroque, Anaïs Sainz et Marie Roux, l'équipe des Grandes Gueules sur RMC, pour avoir pris le risque de me sélectionner lors du casting qui explique ma présence à l'antenne depuis plus de trois années maintenant. Merci de vos regards bienveillants, de vos remarques constructives et de votre accompagnement quotidien.

Merci à Marc-Olivier Fogiel, pour son attention, son franc-parler, sa bienveillance légendaire, son intelligence, pour le temps qu'il trouve même quand son emploi du temps déborde et, je crois, pour sa précieuse amitié.

Merci à François Sureau de transmettre son goût unique pour la liberté et les grands auteurs. Merci de réciter et de faire référence à autant de textes pour que jamais l'interlocuteur ne se lasse de lire et d'apprendre. Merci pour vos réponses rapides à mes SMS. Vous êtes un maître à penser ; je crois toujours avoir eu la pudeur et la timidité de ne jamais vous le confier.

Enfin, je tenais à remercier, volontairement en dernier, celle sans qui ce livre ne serait pas. Je veux remercier Isabelle Saporta, mon éditrice. Nous avons formé un duo inédit, percutant et fulgurant au cœur d'une course contre la montre inédite. Merci de ton suivi sans répit, de tes idées incessantes, de ton intelligence indéniable et de ta franchise nécessaire. Merci d'avoir cru en ce livre comme si c'était le tien. Merci d'avoir pris autant de temps.

TABLE DES MATIÈRES

Cet ouvrage a été imprimé en France par
CPI Brodard & Taupin
Avenue Rhin et Danube
72200 La Flèche (France)

pour le compte des Éditions Fayard
en février 2021

Composition et mise en pages
Nord Compo à Villeneuve-d'Ascq

PAPIER À BASE DE FIBRES CERTIFIÉES

Fayard s'engage pour l'environnement en réduisant l'empreinte carbone de ses livres. Celle de cet exemplaire est de :
0,350 g éq. CO_2
Rendez-vous sur www.fayard-durable.fr

Dépôt légal : mars 2021
N° d'édition : 24-9423-0/01 - N° d'impression : 3042787